Andrea von Both Frfr. von Maercken, Claudia Christ, Angelika Schrader, Stefanie Wittmann

BWR 9 IIIa

mit Spannung und Spaß

Lehrerhandbuch

Betriebswirtschaftslehre/Rechnungswesen sechsstufige Realschule

Ausgabe für den Wahlpflichtbereich IIIa

1. Auflage

Bestellnummer 74115

Bildungsverlag EINS

Haben Sie Anregungen oder Kritikpunkte zu diesem Produkt?
Dann senden Sie eine E-Mail an 74115_001@bv-1.de.
Autoren und Verlag freuen sich auf Ihre Rückmeldung.

www.bildungsverlag1.de

Bildungsverlag EINS GmbH
Hansestraße 115, 51149 Köln

ISBN 978-3-427-**74115**-2

Inhaltsverzeichnis

1 Eine Einführung – was du noch aus der 8. Klasse wissen sollest

1.1 Die Firma ADA-Sportartikel

1.2 Die Familie Klug, deine Begleiter aus dem letzten Jahr

1.3 Grundwissen aus der 7. und 8. Jahrgangsstufe

Aufgaben für Partnerarbeit zur Wiederholung und Festigung S. 13	Kapitel 1.3

Individuelle Lösung (⇨ vgl. S. 10–13);
z. B. Verbindlichkeiten: So bezeichnen wir unsere Schulden an die Lieferer, weil wir z. B. die gelieferten Werkstoffe noch nicht bezahlt haben.

1.4 Wiederholungsaufgaben

Aufgabe 1-1 Rechnungswesen S. 14	Kapitel 1.4

Zu Beginn eines Geschäftsjahres muss jeder Kaufmann eine Bestandsaufnahme, die sog. Inventur, durchführen. Diese wert- und mengenmäßige Erfassung aller Vermögensgegenstände und Schulden eines Unternehmens erfolgt entweder mittels der körperlichen Inventur durch Messen, Zählen und Wiegen bzw. durch die sog. Buchinventur. Anschließend werden die Bestände in eine Liste, das sog. Inventar, übertragen. Aus dem Inventar wird die Bilanz erstellt. Diese ist eine kurze Übersicht des Inventars. Damit sie einen besseren Überblick bietet, wird sie in Kontenform erstellt, d. h., es gibt zwei Seiten. Die linke Seite enthält die Vermögensteile, d. h. wie das Geld investiert wurde, und die rechte Seite enthält das Kapital, d. h. wie das Geld aufgebracht (Eigenkapital bzw. Fremdkapital) wurde. Wichtig ist, dass diese beiden Seiten immer ausgeglichen sind, denn es kann nicht mehr gekauft als finanziert werden. Deshalb spricht man von der sog. Bilanzgleichung: Aktiva = Passiva.

Aufgabe 1-2 Rechnungswesen S. 14	Kapitel 1.4

1. Erstelle zu folgenden Angaben die Eröffnungsbilanz zum 01.01.20..

Aktiva	Eröffnungsbilanz der Firma ADA-Sportartikel (in EUR)		Passiva
I. Anlagevermögen		**I. Eigenkapital**	190.060,00
Bebaute Grundstücke	460.000,00	**II. Fremdkapital**	
Betriebs- und Verwaltungsgebäude	250.000,00	Langfristige Bankverbindlichkeiten	540.000,00
Fuhrpark	76.000,00		
Büromaschinen	28.000,00	Kurzfristige Bankverbindlichkeiten	97.400,00
Betriebs- und Geschäftsausstattung	95.820,00	Verbindlichkeiten	183.200,00
II. Umlaufvermögen			
Forderungen	64.500,00		
Bankguthaben	30.000,00		
Kasse	6.340,00		
	1.010.660,00		1.010.660,00

91443 Scheinfeld, 1. Januar 20..

Armin Dall

2.	8000 EBK	183.200.00 EUR	an	4400 VE	183.200,00 EUR
	2880 KA	6.340.00 EUR	an	8000 EBK	6.340,00 EUR
	0840 FP	76.000,00 EUR	an	8000 EBK	76.000,00 EUR
	8000 EBK	190.060,00 EUR	an	3000 EK	190.060,00 EUR
	2400 FO	64.500,00 EUR	an	8000 EBK	64.500,00 EUR

Aufgabe 1-3 Rechnungswesen S. 14 ff.				Kapitel 1.4	
1.	6010 AWF	2.000,00 EUR	an	4400 VE	2.380,00 EUR
	2600 VORST	380,00 EUR			
2.	6030 AWB	2.900,00 EUR	an	2800 BK	3.451,00 EUR
	2600 VORST	551,00 EUR			
3.	6001 BZKR	150,00 EUR	an	2880 KA	178,50 EUR
	2600 VORST	28,50 EUR			
4.	6020 AWH	1.800,00 EUR	an	4400 VE	2.231,25 EUR
	6021 BZKH	75,00 EUR			
	2600 VORST	356,25 EUR			
5.	4400 VE	2.231,25 EUR	an	2800 BK	2.231,25 EUR
6.	4400 VE	476,00 EUR	an	6000 AWR	400,00 EUR
				2600 VORST	76,00 EUR
7.	2400 FO	3.391,50 EUR	an	5000 UEFE	2.850,00 EUR
				4800 UST	541,50 EUR
8.	5000 UEFE	500,00 EUR	an	2400 FO	595,00 EUR
	4800 UST	95,00 EUR			
9.	6800 BMT	50,00 EUR	an	2880 KA	59,50 EUR
	2600 VORST	9,50 EUR			
10.	7000 GWST	800,00 EUR	an	2800 BK	800,00 EUR
11.	2800 BK	71,40 EUR	an	5400 EMP	60,00 EUR
				4800 UST	11.40 EUR
12.	6820 PUK	170,00 EUR	an	2800 BK	202,30 EUR
	2600 VORST	32,30 EUR			

Beleg Nr. 1:

Buchungsstempel:

Konto	Soll	Haben
2800 BK	120.000,00 EUR	
4200 KBKV		120.000,00 EUR
Gebucht:	07.01.20..	*A. Dall*

Buchungssatz:

2800 BK　　　　120.000,00 EUR　　an　　4200 KBKV　　　120.000,00 EUR

Beleg Nr. 2:

Rechnungsauszug:

Art-Nr.	Gegenstand	Menge	Preis je Stück [EUR]	Betrag [EUR]
BI - 1	Bikini „Girl-Fire"	175	45,00	7.875,00
	Warenwert (netto)			7.875,00
	+ Umsatzsteuer			1.496,25
	Warenwert (brutto)			9.371,25

Buchungsstempel:

Konto	Soll	Haben
6080 AWHW	7.875,00 EUR	
2600 VORST	1.496,75 EUR	
4400 VE		9.371,25 EUR
Gebucht:	16.08.20..	A. Dall

Buchungssatz:

6080 AWHW　　　7.875,00 EUR　　an　　4400 VE　　　9.371,75 EUR
2600 VORST　　　1.496,75 EUR

Beleg Nr. 3:

Rechnungsauszug:

Art-Nr.	Gegenstand	Menge	Preis je Stück [EUR]	Betrag [EUR]
LH sw	Lederhäute, schwarz gefärbt	450	18,00	8.100,00
	- Rabatt 15,00 %			1.215,00
	= Warenwert (netto)			6.885,00
	+ Fracht (pauschal)			**65,00**
	+ Umsatzsteuer 19,00 %			1.320,50
	Warenwert (brutto)			8.270,50

Buchungsstempel:

Konto	Soll	Haben
6000 AWR	6.885,00 EUR	
6001 BZKR	65,00 EUR	
2600 VORST	1.320,50 EUR	
4400 VE		8.270,50 EUR
Gebucht:	14.12.20..	A. Doll

Buchungssatz:

6000 AWR	6.885,00 EUR	an	4400 VE	8.270,50 EUR
6001 BZKR	65,00 EUR			
2600 VORST	1.320,50 EUR			

14. 8020 GUV	800,00 EUR	an	7000 GWST	800,00 EUR

15. 5400 EMP	1.500,00 EUR	an	8020 GUV	1.500,00 EUR

16. 8010 SBK	460.000,00 EUR	an	0510 BGR	460.000,00 EUR

17. 8010 SBK	756.000,00 EUR	an	2400 FO	756.000,00 EUR

2 Der Mensch in der Arbeitswelt

2.1 Was ist Arbeit im wirtschaftlichen Sinne?

Aufgabe für Einzel- oder Partnerarbeit S. 18　　　　　Kapitel 2.1

1. Mögliche Gründe, warum Menschen arbeiten:
① Einkommenserzielung
② Selbstbestätigung, Erfolg
③ finanzielle Unabhängigkeit
④ Soziale Kontakte am Arbeitsplatz
⑤ sinnvolle Beschäftigung
⑥ Erwartungen vonseiten der Gesellschaft

2. Mind-Map:

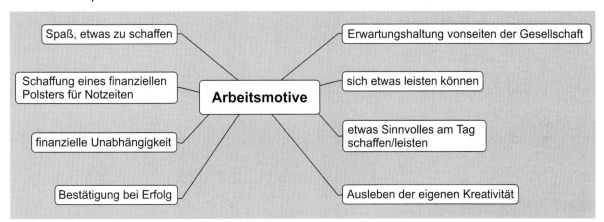

Aufgabe für Einzelarbeit S. 18　　　　　Kapitel 2.1

① Leistungsprämien
② Freizeit bei guter Leistung
③ Sicherheit des Arbeitsplatzes
④ Verantwortung übertragen
⑤ Möglichst viele Mitarbeiter einbinden
⑥ Offenes Ohr für Mitarbeiter haben

Aufgabe für Einzelarbeit S. 19　　　　　Kapitel 2.1

Berufe mit vorwiegend geistiger Arbeit	Berufe mit vorwiegend körperlicher Arbeit
Steuerberater	Dachdecker
Bankangestellter	Maurer
Vorstandschef eines Unternehmens	Fliesenleger
Beamter im nicht-technischen Dienst	Stukkateur
Sekretärin	Schreiner

Aufgabe für Einzelarbeit S. 20　　　　　Kapitel 2.1

Hier wird zwischen der leitenden und der ausführenden Tätigkeit unterschieden. Dagobert Duck überträgt die Lösung des Problems den Angestellten und erwartet von diesen eine Lösung ohne unnötigen Kostenaufwand. Die Mitarbeiter sind nun gefordert, sich zu überlegen, wie sich die Aufgabe lösen lässt. Sie sind in der ausführenden Postiton.

2.2 Der Arbeitsmarkt

1./2.
- Bei einem Lohn von 10 Geldeinheiten (GE) bieten 10 Arbeitnehmer ihre Arbeitskraft an. Jedoch reduziert sich diese auf insgesamt 3 Arbeitnehmer, falls der Lohn auf 3 GE sinkt. Zeichne diese Gerade in das Diagramm mit der Farbe Blau ein.

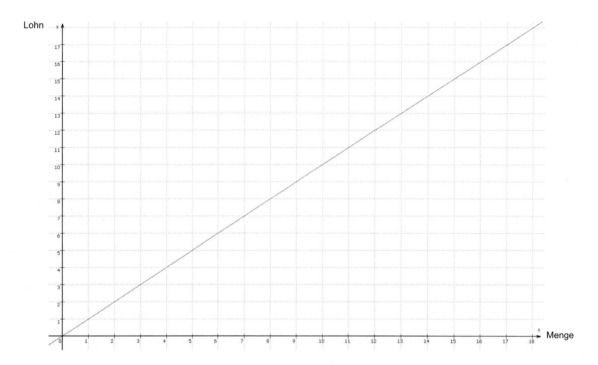

- Bei einem Lohn von 1 GE möchten die Arbeitgeber 9 Arbeitnehmer einstellen. Dies ändert sich auf 4 Arbeitnehmer, falls der Lohn auf 6 GE steigt. Zeichne diese Gerade in das Diagramm mit der Farbe Rot ein.

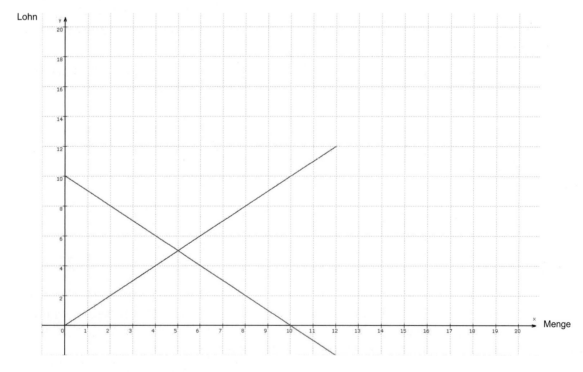

3. Blaue Linie: Arbeitsangebot, da niemand zu einem Lohn von 0 Geldeinheiten arbeiten möchte, dagegen 12 Arbeitnehmer bei einem Lohn von 12 Geldeinheiten ihre Arbeitskraft anbieten.

   Rote Linie: Arbeitsnachfrage, da zu einem hohen Lohn von 10 Geldeinheiten kein Arbeitnehmer nachgefragt wird, allerdings bei einem Lohn von 1 Geldeinheit 9 Personen nachgefragt werden würden.

4. Der Gleichgewichtslohn ergibt sich aus dem Schnittpunkt zwischen Arbeitsnachfrage und Arbeitsangebot und beträgt in obigem Beispiel 5 Geldeinheiten.

Aufgaben für Einzelarbeit S. 22   Kapitel 2.2

1. Unter dem Arbeitsangebot werden alle Personen verstanden, die dem (deutschen) Arbeitsmarkt zur Verfügung stehen. Das Arbeitsangebot kann erhöht werden, indem die Geburtenraten steigen (dies hat aber erst z. B. nach ca. 17 Jahren Auswirkungen auf das Arbeitsangebot), (noch) mehr Frauen eine Erwerbstätigkeit aufnehmen (stille Reserve) bzw. aus dem Ausland Arbeitskräfte angeworben werden (sofortige Wirkung auf das Arbeitsangebot).

2. Die Arbeitsnachfrage hängt hauptsächlich von der Auftragslage, vom Preis der Arbeit (Lohn) und der vorhandenen Qualifikation der Arbeitnehmer ab.

3. Arbeitsangebot:
   Der Staat kann unterschiedliche Anreize geben, damit das Arbeitsangebot steigt:
   - So kann er z. B. Familien durch steigendes Kindergeld o. ä. finanziell unterstützen.
   - Er kann die Wiedereingliederung von Frauen nach der Geburt von Kindern verbessern.
   - Er kann die Betreuung von Kindern verbessern und z. B. kostenlos anbieten.
   - Er kann Anreize schaffen, dass mehr Bürger arbeiten möchten (z. B. Steuerreduzierung von Arbeitnehmern u. Ä.).
   - Er kann die Qualifikation von Arbeitnehmern, die Probleme auf dem Arbeitsmarkt haben, verbessern.
   - Er kann Vergünstigungen für Unternehmen schaffen, wenn sie Problemfälle auf dem Arbeitsmarkt einstellen.
   - Er kann attraktive Angebote für ausländische Arbeitnehmer schaffen, sodass sie hier arbeiten möchten.
   - usw.

1./2.

- Bei einem Lohn von 6 Geldeinheiten (GE) bieten 6 Arbeitnehmer ihre Arbeitskraft an. Jedoch reduziert sich diese auf insgesamt 1 Arbeitnehmer, falls nur 1 GE angeboten wird. Zeichne diese Gerade in das Diagramm mit der Farbe Blau ein.

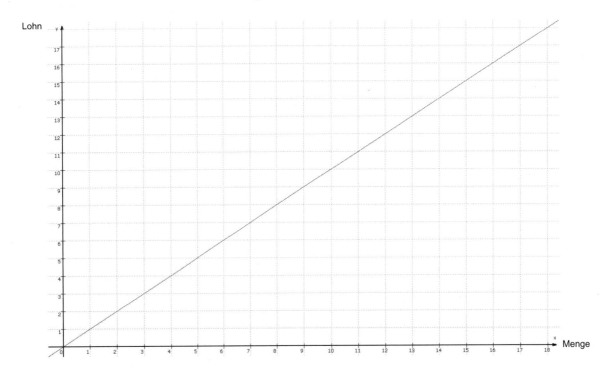

- Bei einem Lohn von 2 GE möchten die Arbeitgeber 4 Arbeitnehmer einstellen. Dieses Verhalten ändert sich, falls die Arbeitnehmer 5 GE verlangen, auf 1 Arbeitnehmer. Zeichne diese Gerade in das Diagramm mit der Farbe Rot ein.

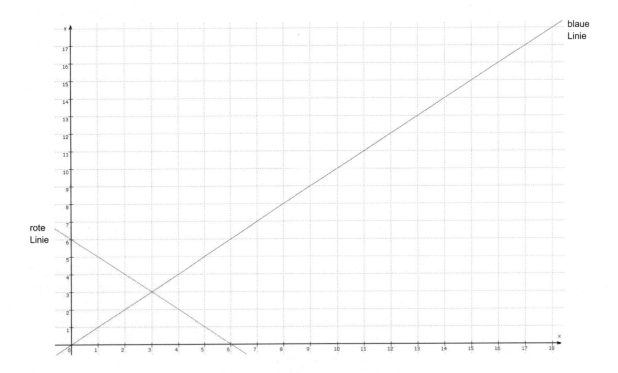

3. Blaue Linie: Arbeitsangebot, da niemand zu einem Lohn von 0 Geldeinheiten arbeiten möchte, dagegen 12 Arbeitnehmer bei einem Lohn von 12 Geldeinheiten ihre Arbeitskraft anbieten.

   Rote Linie: Arbeitsnachfrage, da zu einem hohen Lohn von 6 Geldeinheiten kein Arbeitnehmer nachgefragt wird, allerdings bei einem Lohn von 1 Geldeinheit 5 Personen nachgefragt werden würden.

4. Der Gleichgewichtslohn beträgt 3 GE.

5.

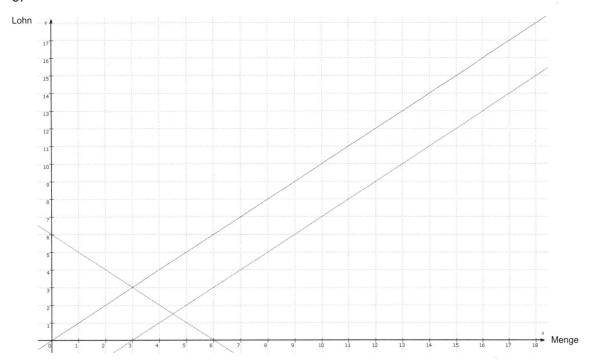

6. Der neue Gleichtgewichtslohn beträgt nun 1,50 GE (bei einer Menge von 4,5).

7. Durch die Anwerbung von neuen Arbeitskräften, die bereit waren, für einen niedrigeren Lohn zu arbeiten, hat sich der Gleichgewichtslohn insgesamt reduziert. Dadurch sinkt der insgesamt für die Arbeitnehmer zu erzielende Lohn auf dem Arbeitsmarkt!

Aufgaben für Einzelarbeit S. 24	Kapitel 2.2

1. Das Schaubild skizziert den Arbeitsmarkt im Zeichen der Wirtschaftskrise. Es wird die Zahl der Arbeitslosen (in Millionen) im Jahresdurchschnitt dargestellt, und zwar für ganz Deutschland und für Ost- und Westdeutschland getrennt.

2. Im Jahr 2005 hatte die Arbeitslosenstatistik Deutschlands einen traurigen Rekord: 4,86 Millionen Erwerbslose waren zu verzeichnen. Dennoch war dieser Rekordwert eher ein statistisches Phänomen, denn etwa 250.000 Sozialhilfeempfänger, die bisher nicht als arbeitslos registriert waren, gingen erstmals in die Statistik ein. Hinzu kam Ende des Jahres der saisonale Einfluss.
Nach diesem Rekord war es eigentlich klar, dass aufgrund von konjunkturellen Gründen die Arbeitslosigkeit weiter sinken würde. Hinzu kommt die Wirkung der Hartz-IV-Reform, die allerdings nicht so leicht vorhergesagt werden kann.
Nach 2005 kam es zum Aufschwung, in dem viele sozialversicherungspflichtige Jobs geschaffen wurden (insgesamt mehr als 1,5 Millionen) und etliche Arbeitnehmer aus der Arbeitslosigkeit in ein Erwerbsleben geführt wurden.

Für diese Entwicklung hatten Binnenfaktoren eine ausschlaggebende Rolle: Lohnzurückhaltung und Sanierungsmaßnahmen der Unternehmen führten zu einer höheren Wettbewerbsfähigkeit deutscher Unternehmen.
Darüber hinaus ist die Entwicklung am Arbeitsmarkt zu einem nicht unerheblichen Teil den Arbeitsmarktreformen der Jahre 2002 bis 2005 zuzuschreiben.

3. Der Aufschwung, einhergehend mit sinkenden Arbeitslosenzahlen, dauerte bis ins Jahr 2008. Dann nahm die Arbeitsnachfrage aufgrund der abflauenden Konjunktur ab und konzentrierte sich deshalb wieder auf gut qualifizierte und leistungsstarke Personen. Deshalb haben sich die Chancen von Langzeitarbeitslosen auf einen neuen Job wieder verschlechtert.

4. Ein Grund dürfte sicherlich darin liegen, dass die Bevölkerung im Osten Deutschlands weiter schrumpft (Abwanderungen!). Allerdings ist prozentual ein Anstieg der Arbeitslosigkeit von 1,16 Millionen auf 1,24 Millionen Arbeitslose zu verzeichnen. Dennoch wird erwartet, dass die Arbeitslosigkeit im Osten zukünftig sinken wird, nachdem die Unternehmen an Wettbewerbsfähigkeit gewinnen und damit die Auftragslage zunimmt.

Aufgaben für Einzelarbeit S. 25 — Kapitel 2.2

1./2. Zeitarbeitende werden als Beschäftigte der Zeitarbeitsbranche verbucht und nicht als Beschäftigte im Verarbeitenden Gewerbe.

3. Die Zulieferer und Karosseriebauer hatten eine gute Auftragslage, sodass sie neue Stellen schaffen konnten. Außerdem können sie jederzeit auf Lager produzieren, um im Bedarfsfall schnell liefern zu können.

Aufgabe für Einzelarbeit S. 26 — Kapitel 2.2

In den kalten Wintermonaten geht auf dem Bau nichts voran, das heißt, die Auftragslage der Baufirmen ist während dieser Zeit recht schlecht. Somit werden Arbeitskräfte über die Wintermonate ausgestellt und danach wieder eingestellt. Dies bezeichnet man als saisonale Arbeitslosigkeit.

Aufgabe für Einzelarbeit S. 27 — Kapitel 2.2

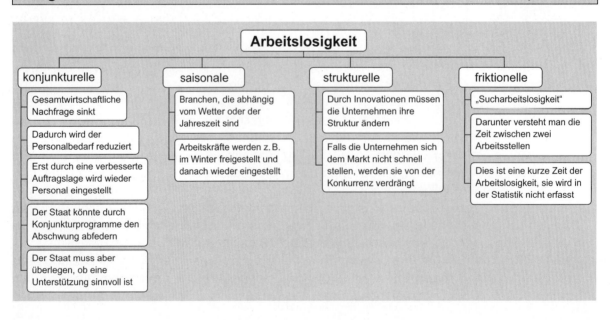

Auswirkungen von Arbeitslosigkeit:

- Für die einzelne Person:
  Geldnot; Langeweile; Verlust der Sozialkontakte; fehlende Anerkennung; Verlust des Selbstwertgefühls und Selbstbewusstseins; weniger Chancen, eine Stelle zu bekommen

- Für die ganze Familie:
  Geldnot; Zukunftsangst; Angst vor dem Verlust der Sozialkontakte; Gefühl der Minderwertigkeit usw.

2.3 Veränderungen in der Arbeitswelt

Aufgabe für Einzelarbeit S. 29	Kapitel 2.3

Vorteile	Nachteile
Man kann sich für Familie und Beruf entscheiden.	Die nötige Ausstattung muss eingerichtet sein und man muss mit dem Unternehmen vernetzt sein.
Man kann egal von welchem Standort aus seine Arbeit verrichten.	Das Arbeitsvolumen kann recht hoch sein.
Der Arbeitnehmer kann sich selbst einteilen, wann er arbeiten möchte.	Kollegen fehlen und damit sozialer Austausch.

Aufgaben für Einzelarbeit S. 30	Kapitel 2.3

1. Das Schaubild hat das Thema „Gute Ausbildung schützt vor Arbeitslosigkeit" und zeigt die Arbeitslosenquote im Jahr 2007 der Altersgruppe zwischen 25 und 64 Jahren. Es zeigt sich insgesamt, dass diejenigen Personen, die über ein höheres Bildungsniveau verfügen, seltener arbeitslos werden.

2. In der Slowakei hat sich in den letzten Jahren viel getan. Viele Betriebe haben z. B. aus Deutschland ihre Produktion hierher verlagert. Diese Betriebe benötigen dann auch meist Personen mit höheren Qualifikationen. Die Arbeitnehmer, die jetzt in der Slowakei ein niedriges Bildungsniveau haben, müssen ihre Qualifikation zukünftig verbessern, um am Arbeitsmarkt eine Chance zu haben.
   Zudem war die Slowakei früher eher landwirtschaftlich geprägt. Für diesen Bereich wurde in den vergangenen Jahren keine hohe Qualifikation benötigt. Durch die Mitgliedschaft in der EU ist die Landwirtschaft in der bisherigen Form nicht mehr konkurrenzfähig. Deshalb wurden hier etliche Arbeitskräfte freigestellt.

3. Unternehmen müssen heutzutage konkurrenzfähig sein. Dies bedeutet, sie müssen sich jederzeit auf ihre Mitarbeiter verlassen können. Je besser deren Qualifikation ist, desto leichter können sie sich ändernden Bedingungen anpassen. Außerdem muss der Mitarbeiter in der Lage sein, Maschinen schnell und mit möglichst wenig Zeitverlust wieder zu reparieren. Dies erfordert aufgrund der technisch hochwertigen Ausstattung viel Know-how.

Aufgaben für Einzelarbeit S. 31	Kapitel 2.3

1.–4.   Individuelle Schülerlösung

1. Überstunden sind meist kurzfristig in Betrieben nötig, wenn z. B. ein Auftrag noch fertiggestellt werden muss.

2. In der Abbildung ist erkennbar, dass die Zahl der Überstunden seit 2001 insgesamt betrachtet rückläufig ist, und damit einhergehend, dass die Arbeitsstunden je Arbeitnehmer ebenfalls seit 2001 rückläufig sind.

3. Weil die Unternehmen zum damaligen Zeitpunkt ein geringes Auftragsvolumen besaßen und insgesamt eine schwache Konjunktur zu verzeichnen war, wurden auch weniger Überstunden benötigt. Zudem haben die Unternehmen im Rahmen der Überbrückung der schwierigen Auftragslage für ihre Beschäftigten zunehmend Arbeitszeitkonten eingerichtet, auf denen Überstunden angespart werden können. Die Mehrarbeit wird dann nicht mehr vergütet, sondern mit Freizeit ausgeglichen und taucht somit nicht mehr in den offiziellen Statistiken auf!

1.

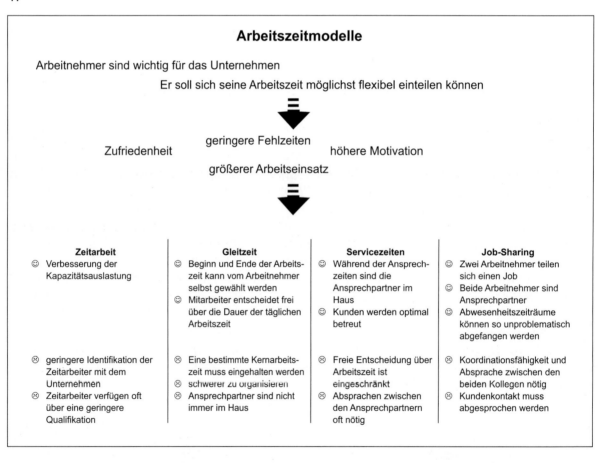

2. a) Die Infografik zeigt die in Deutschland beschäftigten Zeitarbeitnehmer seit 1991, die stets für die Unternehmen auf Abruf bereitstehen.

   b) Es zeigt sich, dass die Zeitarbeit bis ins Jahr 2008 kontinuierlich gestiegen ist und die Unternehmen stets Zeitarbeiter nachgefragt haben. Von 2008 bis 2009 ist ein starker Rückgang des Bedarfs an Zeitarbeitern festzustellen.

c) Ist die Zeitarbeit dafür geeignet, die Arbeitslosigkeit in Deutschland zu reduzieren? Begründe deine Antwort!

Dadurch, dass die Zeitarbeiter oft nur eine geringere Qualifikation besitzen und es für die Unternehmen billiger ist, Zeitarbeiter nur bei Bedarf einzustellen, wird die Zeitarbeit nur einen sehr geringen Beitrag zur Reduzierung der Arbeitslosigkeit leisten. Nur in Ausnahmefällen werden die Unternehmen Zeitarbeiter, die die nötigen Qualifikationen besitzen, abwerben und fest einstellen. Die Zeitarbeiter stellen einen Pool für Unternehmen dar, über den sie schnell verfügen können.

d) Worin siehst du Probleme der Zeitarbeit?

Da die Zeitarbeitsfirma von den Unternehmen den Lohn für die Zeitarbeiter bekommt und für die Vermittlung usw. Geld von den Firmen erhält, ist der Lohn, den die Arbeiter am Schluss ausbezahlt bekommen, vergleichsweise gering.

Aufgaben für Einzelarbeit S. 35 — Kapitel 2.3

1. „Produktivität" hängt mit dem Wort produzieren zusammen und bedeutet: etwas in einer bestimmten Zeiteinheit herstellen

2. Produktivität „nennt man eine wichtige betriebliche und auch gesamtwirtschaftliche Kennzahl, die so ermittelt wird:

$$\text{Produktivität} = \frac{\text{Ausbringungsmenge (Output)}}{\text{Einsatzmenge (Input)}}$$

(Mühlbradt, Frank W.: Wirtschaftslexikon. Cornelsen Scriptor. 7. Auflage. 2001)

Aufgaben für Einzelarbeit S. 36 — Kapitel 2.3

1. ▪ gutes Arbeitsklima ⇨ zufriedene Mitarbeiter machen weniger Fehler
   ▪ leistungsfähigere Maschinen kaufen ⇨ Arbeitsprozess geht schneller
   ▪ Schulungen für Mitarbeiter ⇨ Mitarbeiter können schneller reagieren
   ▪ störungsfreie Organisation schaffen ⇨ jeder weiß, wer was im Bedarfsfall zu tun hat
   ▪ Lageroptimierung ⇨ Arbeitsvorbereitung geht schneller

2. ▪ Stress für Arbeitnehmer (Arbeitsprozesse werden immer schneller)
   ▪ Höhere Ausschussrate (durch Hektik passieren mehr Fehler)

3.

Produktivität

$$\text{Produktivität} = \frac{\text{Ausbringungsmenge}}{\text{Einsatzmenge}}$$

hohe Produktivität = gute Wettbewerbsfähigkeit

hohe Produktivität = schnelle, effektivere Herstellung

Unternehmen möchten, dass die Produktivität möglichst hoch ist.

Vorteile	Nachteile
☺ Arbeitsplätze werden gesichert.	☹ Stress und Überlastung der Arbeitnehmer
☺ Unternehmen können Aufträge schnell durchführen.	☹ Angst vor Entlassung
☺ Der Arbeitgeber erhält einen guten Überblick, was „seine" Mitarbeiter leisten können.	

Es zeigt sich, dass die Arbeitsproduktivität in den 1960er-Jahren einen Zuwachs von 4,2% hatte und seitdem stetig schrumpft (2000: Zuwachs 1,5%). Dies liegt sicherlich nicht daran, dass der einzelne Arbeitnehmer weniger produktiv ist. Nein, der Grund ist ein anderer: In den 1960er- bzw. 1970er-Jahren änderte sich vieles in den Firmen. Die ersten Roboter wurden eingesetzt und in immer mehr Technik wurde investiert. Diese großen Veränderungen können heutzutage natürlich in diesem Ausmaße nicht mehr erzielt werden, nachdem die Technik bereits schon sehr ausgereift ist und viele Maschinen nicht mehr neu erfunden, sondern nur noch modernisiert werden.

2.4 Die Bundesagentur für Arbeit

1. Gruppe 1: Welche Informationen gibt es zur Ausbildungs- und Arbeitsstellenvermittlung?
   Die Ausbildungs- und Arbeitsstellenvermittlung ist die wichtigste Aufgabe der Bundesagentur für Arbeit. Es sollen Arbeitgeber (Arbeitsnachfrage) und Arbeitnehmer (Arbeitsangebot) zusammengeführt werden. Um den Informationsprozess zu beschleunigen, sind die Informationen aus dem Internet abrufbar:

   www.arbeitsagentur.de
   ⇨ Stellen- und Bewerberbörse (JOBBÖRSE): freie Arbeitsplätze und Ausbildungsplätze
   ⇨ BERUFENET bzw. KURSNET: Informationen über Berufe

   Gruppe 2: Welche Bereiche umfasst die Berufsberatung?
   Die Berufsberatung umfasst insgesamt vier Bereiche:
   ① Berufsorientierung: Berufsberater besuchen Schulen und informieren dort.
   ② Berufsinformationszentrum: Im BIZ gibt es Informationsmappen zu den Berufsbildern, Filme, Bücher, Zeitschriften.
   ③ Berufsberatung: Berufsberater führen Einzelgespräche in vertraulichem Rahmen durch, ermitteln Stärken, Schwächen, Interessen, Fähigkeiten des Bewerbers und informieren über mögliche Ausbildungsberufe.
   ④ Ausbildungsstellenvermittlung: Bewerbungs- und Anmeldefristen werden mitgeteilt und Einstellungsvoraussetzungen werden dargelegt.

   Gruppe 3: Wie werden Arbeitgeber betreut und wie können Jugendliche für Arbeitgeber interessant gemacht werden?
   Die Arbeitgeber können bei Bedarf jederzeit mit ihrem zuständigen Ansprechpartner Kontakt aufnehmen. Dies ist besonders wichtig, wenn dieser z.B. neue Stellen anbieten möchte.
   Durch Arbeitsfördermaßnahmen wird versucht, nicht ausbildungsreife Jugendliche oder auch unversorgte Bewerber in der Berufswahlentscheidung zu unterstützen und ihre Kompetenzen zu fördern.

   Gruppen 4/5: Welche Entgeltleistungen gibt es bei Arbeitslosigkeit?
   ① Arbeitslosengeld: Um Arbeitslosengeld beziehen zu können, muss man eine gewisse Zeit gearbeitet haben und sich persönlich arbeitslos melden. Die Formulare für die Arbeitslosmeldung gibt es nur bei der zuständigen Agentur für Arbeit. Im Anschluss muss Arbeitslosengeld beantragt werden.

② Arbeitslosengeld II/Sozialgeld: Der nötige Lebensunterhalt wird pauschal gewährt (ohne Leistungen für Unterkunft und Heizung). Hier ist die Bedürftigkeit des Arbeitslosen ausschlaggebend.

③ Regelleistungen: Die Regelleistungen decken die Kosten für Ernährung, Körperpflege, Hausrat und die normalen Bedürfnisse des täglichen Lebens. Die volle Regelleistung beträgt gegenwärtig für Alleinstehende, Alleinerziehende 364,00 EUR im Monat. Die Regelleistung für den (Ehe-) Partner liegt bei 328,00 EUR im Monat. Kinder erhalten eine Regelleistung, die vom Alter abhängig ist (< 6 Jahre 215,00 EUR, 6–13 Jahre 251,00 EUR; 14–24 Jahre [wohnhaft bei Eltern] 287,00 EUR).

④ Unterkunft und Heizung: Kosten für Unterkunft und Heizung werden komplett übernommen, soweit sie angemessen sind. Falls man im eigenen Haus/Wohnung lebt, zählen hierzu auch die monatlichen Belastungen (aber nicht die Tilgung!).

⑤ Einmalige Leistungen: Darlehen-, Geld- oder Sachleistungen werden gewährt, für die Erstausstattung der Wohnung, für die Erstausstattung für Bekleidung und für mehrtägige Klassenfahrten.

⑥ Weitere finanzielle Leistungen und Förderungen:

– Zudem können Arbeitslose, Arbeitssuchende und Ausbildungssuchende, die eine versicherungspflichtige Beschäftigung aufnehmen, eine Förderung aus dem Vermittlungsbudget erhalten.

– Existenzgründer können den Gründungszuschuss beantragen und erhalten, wenn sie durch die Aufnahme ihrer Tätigkeit ihre Arbeitslosigkeit beenden.

– Auszubildende können eine Berufsausbildungsbeihilfe (BAB) beantragen, wenn der Ausbildungsbetrieb zu weit entfernt ist und die Auszubildenden somit nicht mehr zu Hause wohnen können.

– Die berufliche Weiterbildung wird finanziell gefördert.

– Arbeitgeber können Insolvenz- und Kurzarbeitergeld beantragen, um Löhne auszahlen zu können.

Gruppe 6: Welche Sanktionen können bei der Ablehnung von Arbeit erfolgen?

① Die Ablehnung einer zumutbaren Arbeit ohne wichtigen Grund führt dazu, dass das Arbeitslosengeld II für drei Monate um 30,00 % der Regelleistung abgesenkt wird. Zuschläge für diese Zeit fallen komplett weg.

② Weitere Ablehnung oder die Verletzung einer Grundpflicht innerhalb eines Jahres seit Beginn der letzten Absenkung führt dazu, dass es zu einer Absenkung der Regelleistung um 60,00 % kommt.

③ Bei einer dritten Ablehnung von Arbeit oder Verletzung einer Grundpflicht innerhalb eines Jahres seit der letzten Absenkung kommt es dazu, dass das Arbeitslosengeld II komplett wegfällt.

④ Meldet man sich auf eine Einladung nicht oder erscheint man nicht zu einem ärztlichen oder psychologischen Untersuchungstermin ohne wichtigen Grund, wird das Arbeitslosengeld II um 10,00 % der Regelleistung vermindert.

⑤ Eine Wiederholung innerhalb eines Jahres führt zu einer erneuten Reduzierung (letzte Minderung plus 10,00 %).

⑥ Bei einer versäumten Meldung fällt auch der Zuschlag für die Dauer der Absenkung weg.

Wichtig: Von dem verbleibenden Betrag müssen grundsätzlich alle Kosten für den Lebensunterhalt abgedeckt werden!

Sammelt in jeder Gruppe zu diesen Fragen Informationen im Lehrbuch (Seite 37–41) und informiert euch genau im Internet.

2. Gruppe 1: Welche Informationen gibt es zur Ausbildungs- und Arbeitsstellenvermittlung?

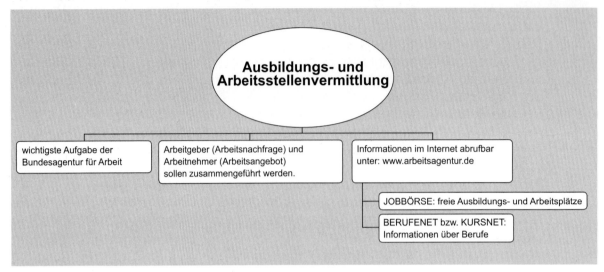

Gruppe 2: Welche Bereiche umfasst die Berufsberatung?

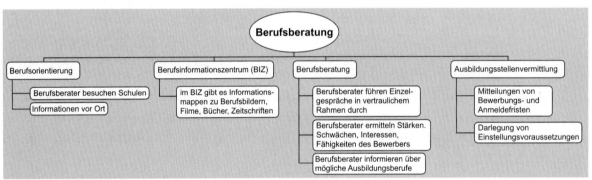

Gruppe 3: Wie werden Arbeitgeber betreut und wie können Jugendliche für Arbeitgeber interessant gemacht werden?

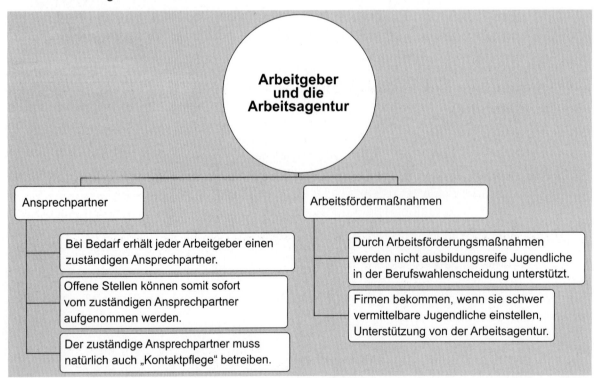

Gruppen 4/5: Welche Entgeltleistungen gibt es bei Arbeitslosigkeit?

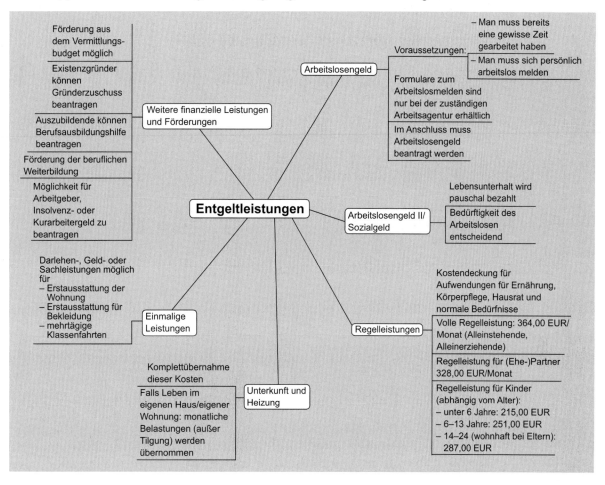

Entgeltleistungen

Weitere finanzielle Leistungen und Förderungen
- Förderung aus dem Vermittlungsbudget möglich
- Existenzgründer können Gründerzuschuss beantragen
- Auszubildende können Berufsausbildungshilfe beantragen
- Förderung der beruflichen Weiterbildung
- Möglichkeit für Arbeitgeber, Insolvenz- oder Kurarbeitergeld zu beantragen

Arbeitslosengeld
- Voraussetzungen:
  - – Man muss bereits eine gewisse Zeit gearbeitet haben
  - – Man muss sich persönlich arbeitslos melden
- Formulare zum Arbeitslosmelden sind nur bei der zuständigen Arbeitsagentur erhältlich
- Im Anschluss muss Arbeitslosengeld beantragt werden

Arbeitslosengeld II/ Sozialgeld
- Lebensunterhalt wird pauschal bezahlt
- Bedürftigkeit des Arbeitslosen entscheidend

Einmalige Leistungen
- Darlehen-, Geld- oder Sachleistungen möglich für
  - – Erstausstattung der Wohnung
  - – Erstausstattung für Bekleidung
  - – mehrtägige Klassenfahrten

Unterkunft und Heizung
- Komplettübernahme dieser Kosten
- Falls Leben im eigenen Haus/eigener Wohnung: monatliche Belastungen (außer Tilgung) werden übernommen

Regelleistungen
- Kostendeckung für Aufwendungen für Ernährung, Körperpflege, Hausrat und normale Bedürfnisse
- Volle Regelleistung: 364,00 EUR/ Monat (Alleinstehende, Alleinerziehende)
- Regelleistung für (Ehe-)Partner 328,00 EUR/Monat
- Regelleistung für Kinder (abhängig vom Alter):
  - – unter 6 Jahre: 215,00 EUR
  - – 6–13 Jahre: 251,00 EUR
  - – 14–24 (wohnhaft bei Eltern): 287,00 EUR

Gruppe 6: Welche Sanktionen können bei der Ablehnung von Arbeit erfolgen?

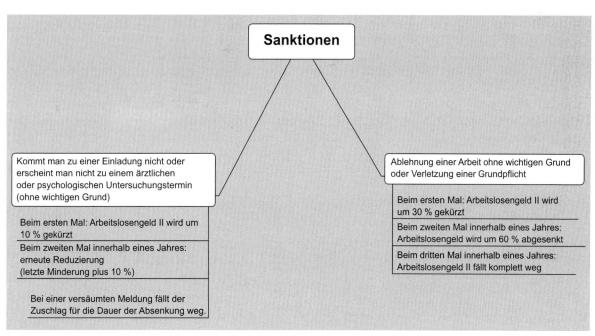

Sanktionen

Kommt man zu einer Einladung nicht oder erscheint man nicht zu einem ärztlichen oder psychologischen Untersuchungstermin (ohne wichtigen Grund)
- Beim ersten Mal: Arbeitslosengeld II wird um 10 % gekürzt
- Beim zweiten Mal innerhalb eines Jahres: erneute Reduzierung (letzte Minderung plus 10 %)
- Bei einer versäumten Meldung fällt der Zuschlag für die Dauer der Absenkung weg.

Ablehnung einer Arbeit ohne wichtigen Grund oder Verletzung einer Grundpflicht
- Beim ersten Mal: Arbeitslosengeld II wird um 30 % gekürzt
- Beim zweiten Mal innerhalb eines Jahres: Arbeitslosengeld wird um 60 % abgesenkt
- Beim dritten Mal innerhalb eines Jahres: Arbeitslosengeld II fällt komplett weg

3 Berufliche Orientierung

3.1 Der Entscheidungsprozess der Berufswahl

Aufgabe für Einzel- oder Partnerarbeit S. 43	Kapitel 3.1

Individuelle Schülerlösung (⇨ vgl. S. 43)

Aufgabe für Einzel- oder Partnerarbeit S. 44	Kapitel 3.1

Individuelle Schülerlösung

3.2 Ausbildungsmöglichkeiten und Berufe

3.3 Die Bewerbung

Aufgabe für Einzel- oder Partnerarbeit S. 47	Kapitel 3.3

Individuelle Schülerlösung (⇨ vgl. S. 48)

Aufgabe für Einzel- oder Partnerarbeit S. 50	Kapitel 3.3

Individuelle Schülerlösung (⇨ vgl. S. 51)

Aufgabe für Einzel- oder Partnerarbeit S. 56	Kapitel 3.3

Bewerbungen in ihrer „Normalform" kosten viel Geld: Man braucht weißes Papier, Toner, Bewerungsmappen, Kuverts und Briefmarken.

Die Firmen erhalten täglich viele Bewerbungen, die sie dann auch wieder an die Absender zurückschicken müssen. Dass dies für die Unternehmen ein zusätzlicher Aufwand ist, sind viele Unternehmen zur Onlinebewerbung übergegangen. Der Bewerber muss entweder auf der Homepage der Unternehmen einheitliche Fragen beantworten, die dann sofort von anderen Programmen im Unternehmen ausgewertet werden können. Falls der Bewerber die Daten in pdf-Form mailen muss, wird erkennbar, ob sich der Bewerber am PC auskennt.

Auswahltests S. 57	Kapitel 3.3

Logisches Denken

1.) 3   9   6   9   27   24
2.) 80   40   42   40   20   22
3.) 323   107   35   11   3   1/3

Logisches Denken – Grafikanalogien

1. d   4. a
2. e   5. e
3. b

Logisches Denken – Sprachanalogien

1. *c) Tragflächen*
2. *b) schwer*
3. *f) Gemälde*
4. *b) Sprache*

Wissensfragen – Allgemeinwissen

1. *d) Trinken*
2. *b) Metall*
3. *c) Fabel*
4. *c) Wasserverdunstung*
5. *b) schwerer*

Kettenaufgaben

1.	10	6.	10
2.	37	7.	56
3.	24	8.	3
4.	109	9.	15
5.	10	10.	150

Persönlichkeitsentscheidungen

1.

Leistung		
a) stimmt	b) teils, teils	c) stimmt nicht
0	1	2

2.

Kontakt		
a) mit Zahlen und Statistiken	b) unsicher	c) mit Menschen zusammen
2	1	0

3.

Durchsetzung		
a) ja	b) manchmal	c) nein
2	1	0

4.

Veränderung		
a) stimmt	b) teils, teils	c) stimmt nicht
2	1	0

5.

Kontakt		
a) stimmt	b) teils, teils	c) stimmt nicht
2	1	0

6.

Durchsetzung		
a) stimmt	b) teils, teils	c) stimmt nicht
0	**1**	**2**

Im Anschluss werden die Punkte (fett) wie folgt addiert:

Punkte		Punkte		Punkte	
A Kontakt		B Leistung		C Durchsetzung	
2.		1.		3.	
5.				6.	
Summe:		**Summe:**		**Summe:**	
Punkte		**Punkte**		**Punkte**	
D Vertrauen		E Ausgeglichenheit		F Veränderung	
				4.	
Summe:		**Summe:**		**Summe:**	

Anschließend kann ein Unternehmen daraus ein Profil für jeden Teilnehmer erstellen.

Aufgabe für Einzel- oder Partnerarbeit S. 62	Kapitel 3.3

⇨ vgl. Seite 63:
- Wie verläuft die Ausbildung?
- Wie viele Ausbildungsplätze hat Ihre Firma?
- Wer ist zuständig für meine Ausbildung?
- Gibt es betrieblichen Unterricht?
- An welchem Ort ist die zuständige Berufsschule?
- Gibt es in der Berufsschule Blockunterricht?
- Wie läuft die Ausbildung in der Berufsschule ab?
- Kann ich mich zu Hause schon auf die Ausbildung vorbereiten?
- Mit welchen Computerprogrammen arbeiten Sie?
- Soll ich mich bereits in ein Computerprogramm einarbeiten?
- Werden die Auszubildenden nach der Ausbildung übernommen?
- Gibt es Weiterbildungsmöglichkeiten?
- Wie lange dauert die Probezeit?
- Wie viele Urlaubstage gibt es?
- Findet die Ausbildung an einem Ort/Standort statt?
- Wie hoch ist die Ausbildungsvergütung? (erst am Schluss fragen)

Aufgabe für Einzel- oder Partnerarbeit S. 63	Kapitel 3.3

⇨ vgl. Seite 64:
- Welche Kleidung ist in der Branche üblich?
- Passt die Frisur (Haare gewaschen)? Sind Hände und Fingernägel sauber? Sind die Schuhe sauber?
- Gute Umgangsformen sollten an der Tagesordnung sein!
- Sei selbstbewusst und vertritt auch deine Meinung!

- Sieh dein Gegenüber an, höre zu und antworte in vollständigen Sätzen!
- Achte auf deine Körpersprache, auf die Mimik und Gestik!
- Sei höflich, offen, freundlich und ehrlich!
- Stelle dar, dass dich die Ausbildung interessiert!

Aufgaben für Partnerarbeit S. 64 f.	Kapitel 3.3

Infografik 1:
1. Es stellt die Bereiche dar, in denen Schüler eine Ausbildung absolvieren.

2.
- Er ist erkennbar, dass Jungen an erster Stelle in den Bereich Technik/Mechanik gehen (24,3 %), an zweiter Stelle ins Bau- oder Handwerksgewerbe (20,2 %) und an dritter Stelle in den Bereich Polizei/Verteidigung (17,3 %).
- Mädchen hingegen favorisieren den Bereich Gesundheit/Pflege (mit 22,6 %), anschließend kommt der Bereich Gestaltung/Design (21,9 %) und an dritter Stelle steht Bildung/Erziehung (19,7 %).

3.

Gründe für Jungen	Gründe Mädchen
technisches Verständis	Umgang mit Menschen ist wichtig
Interesse, körperlich zu arbeiten	Kreativität wird geschätzt
Interesse, für Sicherheit zu sorgen	

4. Individuelle Schülerlösung

Stärken von Mädchen

hilfsbereit

geschickt

kontaktfreudig

Umgang mit Menschen

sportlich   kreativ

kundenfreundlich

Stärken von Jungen

hilfsbereit   geschickt

kontaktfreudig   Umgang mit Menschen

sportlich   stark   handwerklich begabt

kundenfreundlich   beschützend

Infografik 2:
1. 58 % der Unternehmen sind der Meinung, dass die Auszubildenden Probleme im mündlichen und schriftlichen Ausdrucksvermögen haben. Zudem fehlen ihnen elementare Rechenfähigkeiten (50 % der Unternehmen sind dieser Meinung). Hinzukommt, dass 48 % die Leistungsbereitschaft und die Motivation der Auszubildenden kritisieren. Auch die vorhandene Disziplin (44 %) und die Belastbarkeit sind recht dürftig (41 %) und auch die Umgangsformen lassen auf Defizite schließen (39 %).

2. Die DIHK führte die Befragung durch.

3. ▪ Umgangsformen einüben und diese auch im normalen Leben anwenden
   ▪ Bereits in der Schule versuchen, mit Disziplin die Aufgaben zu bewältigen
   ▪ Leistungsbereitschaft und Motivation in Sport oder im Unterricht durchzuhalten versuchen
   ▪ Mathematische Grundfähigkeiten auch ohne Taschenrechner üben
   ▪ Bücher lesen, um mündliches und schriftliches Ausdrucksvermögen zu üben

3.4   Der Berufsausbildungsvertrag

Aufgaben für Einzel- oder Partnerarbeit S. 66	Kapitel 3.4

1. Im Lehrvertrag von 1864 wird der Lehrling an den Lehrherrn „abgetreten". Der Lehrling wohnt im Haus des Lehrherrn. Der Lehrherr lehrt ihn alles, was zum Beruf gehört und muss auf den Lehrling (auch auf seine Moral und Sitte) aufpassen. Der Lehrling erhält im Haus des Lehrherrn Kost und Logis. Alle 14 Tage bekommt der Lehrling sonntags (5 Stunden) frei. Zudem kann er stets am Sonntag den Gottesdienst besuchen. Eine Ausbildungsvergütung wird nicht bezahlt, aber die Lehrzeit wird ausgeweitet. Der Vater des Lehrlings muss für anständige Kleidung des Lehrlings sorgen und muss für etwaige Schäden, die der Lehrling verursacht, aufkommen. Der Lehrling darf über kein Geld verfügen (… auch kein Taschengeld) und muss stets – falls er Geld benötigt – zuerst den Lehrherrn um Erlaubnis fragen. Auch das Zimmer des Auszubildenden kann jederzeit vom Lehrherrn durchsucht werden. Tanzbelustigungen oder ein Wirtshausbesuch sind dem Auszubildenden verboten. Nach Beendigung seiner Lehrzeit darf der Auszubildende bei keinem Konkurrenten des Lehrherrn arbeiten (außer, der Lehrherr erlaubt dies).

2. Undenkbar sind heutzutage:
   ▪ Der Ausbilder überwacht die Sitte und Moral des Lehrlings.
   ▪ Kaum Freizeit
   ▪ Keine Ausbildungsvergütung
   ▪ Ausdehnung der Lehrzeit
   ▪ Kompletthaftung für Schäden
   ▪ Kein Umgang mit Geld für den Lehrling
   ▪ Zimmerkontrolle durch Ausbilder
   ▪ Kein Besuch von Tanzveranstaltungen oder Wirtshäusern
   ▪ Kein Wechsel nach der Lehrzeit zur Konkurrenz

3. ▪ Ziel der Berufsausbildung
   ▪ Beginn und Dauer der Ausbildungszeit
   ▪ Dauer der Probezeit
   ▪ Name und Ort der Berufsschule
   ▪ Ausbildungsmaßnahmen außerhalb der Ausbildungsstätte
   ▪ Dauer der regelmäßigen wöchentlichen Ausbildungszeit

- Höhe der Bruttovergütung
- Hinweis auf Urlaub
- Kündigungsvoraussetzungen

Aufgabe für Einzel- oder Partnerarbeit S. 68 — Kapitel 3.4

Es ist wichtig, dass man sich überlegen kann, ob die Ausbildung, die man gerade macht, die richtige ist. Zudem erkennt der Ausbilder, ob der Auszubildende in seinen Betrieb passt. Deshalb ist eine Probezeit für beide Seiten wichtig.

Vorteile Auszubildender	Vorteile Ausbilder
kann sehen, welche Tätigkeiten auf ihn zukommen	kann sehen, ob der Auszubildende sich engagiert und arbeiten möchte
erkennt das Betriebsklima	erkennt, ob er in den Betrieb passt
Kündigung in der Probezeit ist ohne Angabe von Gründen möglich	Kündigung ist in der Probezeit ohne Angabe von Gründen möglich

Aufgabe für Einzel- oder Partnerarbeit S. 68 — Kapitel 3.4

Pflichten des Ausbilders	Pflichten des Auszubildenden
Vermittlung der Fertigkeiten, Kenntnisse und Fähigkeiten, die zur Ausbildung gehören	Lernpflicht
Aushändigen der Ausbildungsordnung	Berufsschulbesuch
kostenlose Bereitstellung der Ausbildungsmittel	Weisungsgebundenheit
Freistellung für Berufsschulbesuch	Halten an die betriebliche Ordnung
Abzeichnen und Kontrolle des schriftlichen Ausbildungsnachweises	Sorgfaltspflicht
Sorgepflicht	Stillschweigen über Betriebsgeheimnisse
Vorlegen der ärztlichen Untersuchungen	Führen eines schiftlichen Ausbildungsnachweises
Eintragungsantrag bei zuständigen Stellen	Benachrichtigung bei Fernbleiben
Anmeldung zu Prüfungen	Ärztliche Untersuchungen

4 Arbeitsschutz und Mitbestimmung

4.1 Schutzgesetze

Aufgaben für Einzel- oder Partnerarbeit S. 71	Kapitel 4.1

1. Die Kinder auf dem ersten Bild tragen viel Holz. Dies ist eine recht schwere Tätigkeit. Sie werden durch diese Arbeit sehr belastet und überanstrengen sich.
   Im zweiten Bild sitzen sie auf sehr engem Raum an einem Webstuhl und arbeiten.

2. Es handelt sich in beiden Fällen um harte körperliche Arbeit. So müssen die Kinder im ersten Bild sehr schwer tragen und im zweiten Bild müssen sie auf engstem Raum weben. Dies strengt beides gewaltig an.

3. In vielen Ländern gibt es zwar Arbeit, aber diese ist nur gering bezahlt. Dies führt dazu, dass es für Familien nötig ist, dass auch ihre Kinder beim Lebensunterhalt mitverdienen. Oft können Eltern ihre Rente nur sichern, indem sie viele Kinder haben, die für sie im Alter sorgen. Aus diesem Grund werden Kinder in diesen Ländern von der Schule genommen und möglichst schnell ins Berufsleben geführt.
   Dies ist sehr schade, denn die Kinder sind die Zukunft eines jeden Landes. Wenn sie bereits in jungen Jahren durch Überbelastung körperlich angegriffen sind, so können sie später nicht mehr effektiv eingesetzt werden. Deshalb sollte es in jedem Land garantiert werden, dass Kinder die Schule besuchen und auch einen Schulabschluss absolvieren können. Denn dies ist Voraussetzung für eine gute Ausbildung und für ein weniger sorgenreiches Leben.

4. Schutz der Kinder vor:
   - Überforderung, weil eine große Last auf ihnen ruht, wenn sie die Familie unterstützen müssen;
   - gesundheitlicher Beeinträchtigung, weil schwere körperliche Arbeit, z. B. die Arbeit in Bergwerksschächten, die Gesundheit der Kinder gefährdet und sie später nicht mehr leistungsfähig sind;
   - zeitlicher Inanspruchnahme, die die schulische Ausbildung behindert, die ihnen einen guten späteren Beruf ermöglicht;
   - Verlust der Kindheit, denn ihnen würde die Gelegenheit zum Spielen fehlen.

Aufgaben für Einzel- oder Partnerarbeit S. 72	Kapitel 4.1

1. Kinder und Jugendliche sollen vor Überforderung, Überbeanspruchung sowie gesundheitlicher und seelischer Schädigung geschützt werden.

2. Es werden junge Menschen unter 18 Jahren geschützt. Diese werden in zwei Gruppen eingeteilt:
   - Als Kind gilt, wer noch keine 15 Jahre alt ist.
   - Wer zwischen 15 und 18 Jahre alt ist, gilt nach dem Gesetz als Jugendlicher.

3. Kinder über 13 Jahre und vollzeitschulpflichtige Kinder dürfen mit Einwilligung des Personensorgeberechtigten nicht mehr als 2 Stunden, in landwirtschaftlichen Familienbetrieben nicht mehr als 3 Stunden pro Tag beschäftigt werden.

   Kinder, die der Vollzeitschulpflicht nicht mehr unterliegen, dürfen im Berufsausbildungsverhältnis beschäftigt werden und sie dürfen außerhalb des Berufsausbildungsverhältnisses täglich bis zu 7 Stunden und maximal bis zu 35 Wochenstunden beschäftigt werden.

Während der Schulferien dürfen Jugendliche, die schon 15 Jahre alt sind, höchstens 4 Wochen im Kalenderjahr arbeiten, täglich maximal 8 Stunden sowie wöchentlich maximal 40 Stunden (keine Nacht-, Samstag-, Sonntags- und Feiertagsarbeit. Ausnahme für bestimmte Branchen beachten!).

4. Jugendliche dürfen nicht länger als 4 ½ Stunden ohne Ruhepausen beschäftigt sein. Als Ruhepause gilt nur eine Arbeitsunterbrechung von mindestens 15 Minuten. Die Pausen müssen
   - bei einer Arbeitszeit von 4 ½ bis 6 Stunden mindestens 30 Minuten,
   - bei einer Arbeitszeit von mehr als 6 Stunden mindestens 60 Minuten betragen.

5. Nach Alter gestaffelt haben Jugendlichen folgenden Urlaubsanspruch:
   - 30 Werktage, wenn der Jugendliche zu Beginn des Kalenderjahres noch nicht 16 Jahre alt ist,
   - 27 Werktage, wenn der Jugendliche zu Beginn des Kalenderjahres noch nicht 18 Jahre alt ist,
   - 25 Werktage, wenn der Jugendliche zu Beginn des Kalenderjahres noch nicht 18 Jahre alt ist.

6. Ein Tag mit mehr als 5 Unterrichtsstunden von mehr als 45 Minuten Dauer entspricht einem Arbeitstag.

7. Für folgende Tätigkeiten existiert ein Beschäftigungsverbot:
   - körperlich schwere Arbeiten,
   - Arbeiten mit einseitiger Körperbelastung,
   - Arbeiten mit einem Übermaß an Verantwortung,
   - Arbeiten mit sittlichen Gefahren,
   - Akkordarbeit,
   - gefährliche Arbeiten.

8. Wer überwacht die Einhaltung des Gesetzes?
   Die Einhaltung des Gesetzes wird durch die jeweilige Aufsichtsbehörde überwacht, z. B. Gewerbeaufsichtsamt, Amt für Arbeitsschutz oder im Bergbau das Bergamt).

Beispielhafter Hefteintrag:

Das Jugendschutzgesetz

Ziel: Kinder und Jugendliche sollen vor Überforderung, Überbeanspruchung sowie gesundheitlicher und seelischer Gefährdung im Arbeitsleben geschützt werden.

Das Gesetz unterscheidet zwei Gruppen von jungen Menschen unter 18 Jahren:

- Kinder bis 14 Jahre und vollzeitschulpflichtige Jugendliche: Es gilt ein Beschäftigungsverbot. Ausnahmen: Praktikum, leichte Arbeiten zu genau festgelegten Zeiten, Ferienarbeit für über 15-Jährige (max. 4 Wochen im Kalenderjahr, max. 8 Stunden täglich und 40 Stunden wöchentlich)
- Jugendliche von 15 bis 18 Jahren: Es gelten folgende Beschäftigungsbeschränkungen (Ausnahmen in einzelnen Gewerbezweigen)
  - Arbeitszeit: täglich max. 8 Stunden, wöchentlich max. 40 Stunden
  - Schichtzeit max. 10 Stunden
  - Ausreichende Ruhepausen: mind. 15 Minuten
  - Arbeitszeit zwischen 6 und 20 Uhr
  - Mindestens 12 Stunden ununterbrochene Freizeit
  - Ruhe an Samstagen, Sonn- und Feiertagen
  - Urlaubsregelungen je nach Alter zwischen 30 und 25 Urlaubstagen
  - Keine gefährlichen und zu schweren Arbeiten

Aufgabe für Einzel- oder Partnerarbeit S. 76   Kapitel 4.1

Wenn Susanne noch vollzeitschulpflichtig ist, darf sie höchstens 4 Wochen im Kalenderjahr arbeiten. Sie darf nicht mehr als 8 Stunden täglich arbeiten und muss ausreichend Pausen machen (bei dieser Arbeitszeit 60 Minuten). Außerdem darf sie maximal 40 Wochenstunden arbeiten. Wenn die genannten Voraussetzungen erfüllt sind, dann darf sie die Ferienarbeit annehmen.

Aufgabe für Einzel- oder Partnerarbeit S. 80   Kapitel 4.1

Haarschutz: Es können keine Haare in die Maschine gezogen werden.
Augenschutz: Die Augen werden z. B. vor Splitter, Chemikalien, … geschützt.
Ohrstöpsel: Lärmschutz
Spezialschuhe: Schutz der Füße vor herabfallenden Gegenständen oder auch Hilfsmittel als Überspannungsschutz

Aufgaben für Einzelarbeit S. 82   Kapitel 4.1

2. Frau Miller hat bereits eine schriftliche Abmahnung erhalten.

3.   ① Dauer der Betriebszugehörigkeit
   ② Lebensalter der Person
   ③ Unterhaltspflichten
   ④ Schwerbehinderung

Aufgaben für Partnerarbeit S. 83   Kapitel 4.1

1-2

Kriterien	Maike Müller	Agnes Wohlfahrt	Franz Guth	Simon Lenz	Kündigungs-entscheidung?
Lebensalter	34	57	34	46	*Frau Müller, Herr Guth* (beide können aufgrund des Alters schnell wieder eine Arbeit finden), *Frau Wohlfahrt* (sie könnte mittels einer Abfindung in den Ruhestand geschickt werden)
Betriebszugehörigkeit	4	20	5	12	*Frau Müller,* dann *Herr Guth* (Kriterium: Wer ist am kürzesten im Unternehmen?)

Kriterien	Maike Müller	Agnes Wohlfahrt	Franz Guth	Simon Lenz	Kündigungs-entscheidung?
Unterhaltspflicht	ja	nein	ja	ja	*Frau Wohlfahrt* (alle anderen haben Unterhaltsverpflichtungen)
Schwerbehinderung	nein	nein	nein	nein	

3.

① **Frau Wohlfahrt:** Sie hat keine Unterhaltsverpflichtungen und könnte in den vorzeitigen Ruhestand geschickt werden. Problem: Auf dem Arbeitsmarkt findet sie in ihrem Alter wahrscheinlich keine Stelle mehr.

② **Frau Müller:** Sie arbeitet am kürzesten im Unternehmen und könnte aufgrund ihres Alters auch eine andere Stelle finden.

③ **Herr Guth:** Er arbeitet etwas länger als Frau Müller im Unternehmen und könnte aufgrund seines Alters auch eine andere Stelle finden.

Aufgabe für Gruppenarbeit S. 84 f.	Kapitel 4.1

1./2.

Gründe für die Kündigung	Gründe gegen die Kündigung
Diebstahl	geringer Wert des „Diebesgutes"
Vertrauensverhältnis dadurch gestört	es war sonst auch „üblich"
	lange Betriebszugehörigkeit (ohne ein Vergehen)

4.2 Mitbestimmung im Unternehmen

Aufgaben für Einzel- oder Partnerarbeit S. 88 f.	Kapitel 4.2

1. Der Betriebsrat vertritt die Arbeitnehmer in einem Unternehmen und bestimmt bei wichtigen Entscheidungen mit. Er ist ein sogenanntes Bindeglied zwischen Arbeitnehmern und dem Arbeitgeber.

2. Der Betriebsrat hat bei personellen Angelegenheiten ein Mitwirkungsrecht, bei sozialen Angelegenheiten ein Mitbestimmungsrecht und bei wirtschaftlichen Angelegenheiten ein Beratungs- und Informationsrecht. Bei allgemeinen Angelegenheiten besitzt der Betriebsrat einen selbstständigen Tätigkeitsbereich.

3. Wahlberechtigt ist jeder Arbeitnehmer, der das 18. Lebensjahr vollendet hat.

4. Wählbar ist jeder Wahlberechtigte, der mindestens ein halbes Jahr dem Betrieb angehört.

5. Ab 20 Mitarbeitern wird ein Betriebsrat gewählt.

6. Die Mitglieder des Betriebsrates sind während ihrer Amtszeit unkündbar. Zusätzlich können sie bei wichtigen Entscheidungen mitbestimmen.

1. Die Infografik gibt Auskunft über die betriebliche Jugend- und Auszubildendenvertretung.

2. Die Jugend- und Auszubildendenvertretung kümmert sich um die Probleme und Belange der Auszubildenden an ihrem Arbeitsplatz.

3. Individuelle Schülerlösung

5 Das Erwerbseinkommen

5.1 Das Einkommen der Arbeitnehmer

5.2 Vom Bruttolohn zum Nettolohn

Aufgaben für Einzel- oder Partnerarbeit S. 92 | Kapitel 5.2

1. Aussteller der Gehaltsabrechung: ADA-Sportartikel
   Empfänger der Gehaltsabrechnung: Hans Klug
   Neue Begriffe: individuelle Schülerlösung

2 Gesetzliche Abzüge sind Abzüge, die aufgrund einer gesetzlichen Rechtsgrundlage bezahlt werden müssen, beispielsweise Lohnsteuer, Solidaritätszuschlag und bei betreffender konfessioneller Zugehörigkeit auch die Kirchensteuer und Sozialversicherungen.

3. Martins Vater kann jeden Monat 560,68 EUR sparen (2.260,68 − 1.700,00 EUR = 560,68 EUR) [siehe S. 91 unten].

Aufgaben für Einzel- oder Partnerarbeit S. 95 | Kapitel 5.2

1. ▪ Werbungskosten: Alle Aufwendungen zur Sicherung und Erhaltung der Einnahmen, die unmittelbar von den Einnahmen abgezogen werden können, z.B. Beträge zu Berufsverbänden, Abschreibungen, Mehraufwendungen für die doppelte Haushaltsführung, …
   ▪ Pendlerpauschale: Arbeitnehmer können die Kosten für den Weg zu ihrer Arbeitsstätte in Form der Pendlerpauschale steuerlich geltend machen. Hierzu kann der einfache Weg zwischen Wohnung und Arbeitsstätte in Höhe von derzeit 0,30 EUR als Werbungskosten angesetzt werden. Dabei ist es egal, ob der Weg zur Arbeit mit dem Auto, öffentlichen Verkehrsmitteln, zu Fuß, mit der Bahn oder dem Fahrrad zurückgelegt wird.
   ▪ Doppelte Haushaltsführung: Eine doppelte Haushaltsführung liegt vor, wenn ein Arbeitnehmer außerhalb des Ortes, an dem er seinen Lebensmittelpunkt hat, beruflich tätig ist und dort einen zweiten Hausstand unterhält. Diese Kosten kann er steuerlich geltend machen.

2. Es gibt sechs unterschiedliche Lohnsteuerklassen. Die Einteilung kann folgender Tabelle entnommen werden.

Lohnsteuerklasse I	Personen, die folgende Voraussetzungen erfüllen: • ledig oder verheiratet mit im Ausland lebenden Ehegatten oder • dauernd getrennt lebend oder geschieden oder • verwitwet und keinen Anspruch auf die Steuerklassen III oder IV haben und • eventuell kombinierbar mit einem Kinderfreibetrag.
Lohnsteuerklasse II	Arbeitnehmer, • die die Voraussetzungen der Lohnsteuerklasse I erfüllen und bei denen • mindestens ein Kind im Haushalt lebt.
Lohnsteuerklasse III	Arbeitnehmer, • die verheiratet sind und uneingeschränkt steuerpflichtig sind, • wobei beide im Inland leben und • bei denen der andere Ehegatte keinen Arbeitslohn erhält oder in der Steuerklasse V eingruppiert ist.
Lohnsteuerklasse IV	Arbeitnehmer, • die verheiratet sind und nicht dauernd getrennt leben sowie • ihren Wohnsitz im Inland haben
Lohnsteuerklasse V	• wenn beide Ehegatten in einem Dienstverhältnis stehen und • der andere Ehegatte in die günstigere Lohnsteuerklasse III eingruppiert wurde.
Lohnsteuerklasse VI	Gehen Arbeitnehmer mehr als einer Beschäftigung nach, so erhalten sie für die zweite und jede weitere Beschäftigung die Lohnsteuerklasse VI.

Aufgabe 5-1   Rechnungswesen S. 97   Kapitel 5.2

1. Von der Lohnsteuerkarte bzw. von der Datenübermittlung der Stadt bzw. Gemeinde vom Wohnort des Arbeitnehmers.

2. Bei Martin ist die Lohnsteuerklasse I eingetragen.

3. Dass die Kirchensteuer jeweils zur Hälfte an die evangelische und die katholische Kirche gezahlt wird, weil die beiden Ehepartner unterschiedlichen Konfessionen angehören.

4. Bei seiner Frau ist die Lohnsteuerklasse V eingetragen.

5. Ein Arbeitnehmer muss in Deutschland folgende Beiträge zur Sozialversicherung bezahlen: die Kranken-, Renten-, Arbeitslosen- und Pflegeversicherung.

6. Vom Gehalt eines evangelischen Arbeitnehmers werden folgende Steuern einbehalten: Lohnsteuer, Kirchensteuer und Solidaritätszuschlag.

7. Die Beträge zur gesetzlichen Unfallversicherung trägt der Arbeitgeber alleine.

8. Die Beitragsbemessungsgrenzen der Sozialversicherung dienen dazu, Überbeanspruchungen der einzelnen Arbeitnehmer zu vermeiden (Verhältnismäßigkeitsgrundsatz).

1. Je höher die Lohnsteuerklasse ist, desto mehr Steuern müssen i.d.R. einkommensabhängig bezahlt werden. Die geringsten Steuern werden in der Lohnsteuerklasse III bezahlt, die meisten Steuern werden in der Lohnsteuerklasse VI bezahlt.

2. Bei der Lohnsteuerklasse II sind die Abzüge i.d.R. geringer als bei der Lohnsteuerklasse I. Je höher das Einkommen, desto mehr gleicht sich der Lohnsteuerabzug der Klasse I der Klasse II an.

3. a) Herr Neumoor muss 327,16 EUR bezahlen.
   b) Seine Frau hat dann auch die Lohnsteuerklasse IV.

   c) $\text{Kirchensteuer} = \dfrac{327{,}16 \text{ EUR} \cdot 8{,}00\,\%}{100{,}00\,\%} = 26{,}17 \text{ EUR}$

   Er muss 26,17 EUR Kirchensteuer bezahlen.

   d) Für das Jahr während der Elternzeit sollten sie auf jeden Fall die Lohnsteuerklasse ändern. Er sollte als Verdiener dann die Lohnsteuerklasse III bekommen und sie sollte für diese Zeit auf jeden Fall die Lohnsteuerklasse V nehmen.

1. Aus dem Existenzminimum werden keine Steuern berechnet.

2. Bei Frau Müller werden monatlich von ihrem Einkommen 450,53 EUR Lohnsteuer abgezogen.

3. Frau Müller muss 5,50 % der Lohnsteuer als Solidaritätszuschlag zahlen. Das sind 24,78 EUR.

   $\text{Soli} = \dfrac{450{,}53 \text{ EUR} \cdot 5{,}50\,\%}{100{,}00\,\%} = 24{,}78 \text{ EUR}$

4. a) Sie werden sich für diese Regelung entschlossen haben, weil sie beide etwa gleich viel verdienen.
   b) Dies bedeutet, dass bei jedem der beiden der halbe Kinderfreibetrag bei der Lohnsteuer angerechnet wird. Sie hätten es auch so regeln können, dass einer der beiden den vollen Freibetrag erhalten hätte. Der andere hätte dann keinen Freibetrag und somit einen höheren Lohnsteuerabzug.

5.3 Die Löhne in der Buchhaltung

1.

Arbeit-nehmer	Lohn-steuer-klasse	Bruttoein-kommen (EUR)	Lohn-steuer (EUR)	Kirchen-steuer (EUR)	Solida-ritätszu-schlag (EUR)	Sozial-versich-erung AN (EUR)	Sozial-versich-erung AG (EUR)
Summe		7.250,00	829,16	1,67	35,95	1.482,82	1.416,57

2.	6200 L	7.250,00 EUR	an	2800 BK	4.900,40 EUR
				4830 VFA	866,78 EUR
				4840 VSV	1.482,82 EUR
	6400 AGASV	1.416,57 EUR	an	4840 VSV	1.416,57 EUR

3. Weil die Arbeitnehmer Teuer und Billig nicht der evangelischen oder katholischen Kirche angehören, da sie entweder einen anderen Glauben haben oder aus der Kirche ausgetreten sind.

4. Der Mitarbeiter Teuer ist verheiratet, da er genauso wie seine Frau die Lohnsteuerklasse IV hat.

5.	4840 VSV	2.899,39 EUR	an	2800 BK	3.766,17 EUR
	4830 VFA	866,78 EUR			

Aufgabe 5-5 Rechnungswesen S. 102					Kapitel 5.3

1.	6300 G	3.100,00 EUR	an	2800 BK	1.893,52 EUR
				4830 VFA	579,50 EUR
				4840 VSV	626,98 EUR
	6400 AGASV	599,08 EUR	an	4840 VSV	599,08 EUR
2.	6200 L	3.100,00 EUR	an	2800 BK	1.934,36 EUR
				4830 VFA	538,66 EUR
				4840 VSV	626,98 EUR
	6400 AGASV	599,08 EUR	an	4840 VSV	599,08 EUR

3. Herr Schuster bekommt mehr Geld überwiesen, weil er keine Kirchensteuer zahlen muss und Frau Pfiffig Kirchensteuer zahlt.

4. Sie sind beide ledig, da sie in der Lohnsteuerklasse I sind.

5.	4840 VSV	2.452,12 EUR	an	2800 BK	3.570,28 EUR
	4830 VFA	1.118,16 EUR			

5.4 Die Personalzusatzkosten

Aufgaben für Einzel- oder Partnerarbeit S. 103	Kapitel 5.4

1. In der Grafik „Lohn und mehr" sind die Arbeitskosten der Industrie für das Jahr 2008 je 100 EUR Brottolohn/-gehalt aufgeteilt nach Ost- bzw. Westdeutschland dargestellt.

2. Der Bruttolohn bzw. das Bruttogehalt setzt sich zusammen aus dem Direktentgelt in Form von Löhnen und Gehältern einschließlich Boni, der Vergütung arbeitsfreier Tage, z. B. bezahlte Feiertage, bezahlter Urlaub und Entgeltzahlung im Krankheitsfalle, sowie Sonderzahlungen beispielsweise vermögenswirksame Leistungen, Weihnachtsgeld und Urlaubsgeld.

3. Unter Personalzusatzkosten versteht man alle Kosten, die neben dem Bruttoeinkommen des Arbeitnehmers noch aufgebracht werden müssen, dies sind beispielsweise der Arbeitgeberanteil zur Sozialversicherung, die gesetzliche Unfallversicherung, die betriebliche Altersversorgung.

Aufgabe 5-6   Rechnungswesen S. 105   Kapitel 5.4

1. In der Grafik „Der Lohn neben dem Lohn" sind die Personalkosten und deren Zusammensetzung je Arbeitnehmer in der Industrie für West- bzw. Ostdeutschland im Vergleich für die Jahre 2000 und 2006 dargestellt.

2. Personalzusatzkosten sind beispielsweise der Arbeitgeberanteil zur Sozialversicherung, die gesetzliche Unfallversicherung, die betriebliche Altersversorgung.

3. Die Personalzusatzkosten sind in Westdeutschland wesentlich höher, weil das Bruttoeinkommen in der Regel auch höher ist und so zum Beispiel der Arbeitgeberanteil zur Sozialversicherung aufgrund der prozentualen Berechung höher sein muss. Außerdem gelten in Westdeutschland höhere Beitragsbemessungsgrenzen.

4. 6420 BBG   2.500,00 EUR   an   2800 BK   2.500,00 EUR

5. a) Sozialversicherungsbeiträge des Arbeitnehmers in Prozent:

Rentenversicherung	9,95
Arbeitslosenversicherung	1,50
Pflegeversicherung	0,975
Krankenversicherung	8,20
Gesamt:	20,625

Sozialversicherungbeiträge des Arbeitgebers in Prozent:

Rentenversicherung	9,95
Arbeitslosenversicherung	1,50
Pflegeversicherung	0,975
Krankenversicherung	7,30
Gesamt:	19,725

$$\text{Sozialversicherungsbeitrag des AG} = \frac{225,23 \text{ EUR} \cdot 19,725\%}{20,625\%} = 215,40 \text{ EUR}$$

b) 6200 L   1.100,00 EUR   an   2800 BK   844,26 EUR
                                              4830 VFA   30,51 EUR
                                              4840 VSV   225,23 EUR

   6400 AGASV   215,40 EUR   an   4840 VSV   215,40 EUR

c) 4840 VSV   440,63 EUR   an   2800 BK   440,63 EUR

5.5   Möglichkeiten der Altersversorgung von Arbeitnehmern

5.6   Fallstudien zum Lohnbereich

Aufgabe 5-7 Rechnungswesen S. 109	Kapitel 5.6

1. Es gibt folgende drei Säulen der Altersversorgung:
   Die gesetzliche Altersversorgung: Sie wird finanziert durch einen Lohnabzug bzw. einen AG-Anteil in Höhe von insgesamt 19,90 % des beitragspflichtigen Einkommens und hat als Grundlage des Umlageverfahren, d. h. die aktuellen Einzahlungen werden für die jetzigen Rentner verwendet. Grundlage hierfür ist der sogenannte Generationenvertrag. Die Höhe der Rente ist abhängig von Höhe und Dauer der Einzahlungen.

   Die betriebliche Altersversorgung: Diese Altersversorgung zählt zu den Personalzusatzkosten. Sie kann über Pensionskassen oder Entgeltumwandlungen erfolgen. Dabei müssen die Arbeitnehmer langfristig im Unternehmen tätig sein, um Pensionsansprüche zu erwerben.

   Die private Altersversorgung: Häufig ist die private Alterversorgung staatlich gefördert. Diese Förderung kann in Form von Prämien oder steuerlichen Vorteilen angeboten werden. Dabei ist die Gewährung der steuerlichen Vorteile einkommensabhängig, die Gewährung von Prämien jedoch nach dem Gleichheitsgrundsatz einkommensunabhängig. Die private Altersversorgung basiert auf dem „Kapitalstockverfahren". Die bekanntesten Beispiele sind die Rürup- sowie die Riester-Rente.

2. Eine Rürup-Rente kann jeder abschließen, bei der Riester-Rente gehören Selbstständige nicht zum geförderten Personenkreis. Förderberechtigt ist bei der Riester-Rente folgender Personenkreis:
   - Rentenversicherungspflichtige Arbeitnehmer
   - Beamte, Richter, Soldaten, Wehr- und Zivildienstleistende
   - Bezieher von Arbeitslosengeld bzw. Arbeitslosengeld II
   - Ehepartner aller Zulagenberechtigten
   - …

3. Der Staat fördert die private Altersvorsorge, um einen Anreiz zu schaffen, dass möglichst viele Menschen sich auch privat für das Alter absichern.

4. Es treten immer mehr Schwierigkeiten bei der Finanzierung der gesetzlichen Altersversorgung auf, da die Rentenempfänger immer älter werden und so mehr Geld benötigt wird und die Zahl der Einzahler abnimmt. Die Abnahme der Einzahlungen in die Sozialversicherungen beruht u. a. auf dem Rückgang der Geburten, der Abnahme der sozialversicherungspflichtigen Beschäftigung und dem Absinken des Lohnniveaus.

Aufgabe 5-8 Rechnungswesen S. 109 f.	Kapitel 5.6

1. a) Herr Storch ist verheiratet.

   b)

6300 G	3.240,00 EUR	an	2800 BK	2.246,12 EUR
			4830 VFA	338,59 EUR
			4840 VSV	655,29 EUR
6400 AGASV	626,13 EUR	an	4840 VSV	626,13 EUR

   c)

6420 BBG	570,00 EUR	an	2800 BK	570,00 EUR

2. a) Als alleinerziehende Mutter könnte sie die Lohnsteuerklasse I oder II wählen.

   b) 6200 L   1.800,00 EUR   an   2800 BK   1.247,82 EUR

                                                 4830 VFA   188,13 EUR

                                                 4840 VSV   364,05 EUR

          6400 AGASV   347,85 EUR   an   4840 VSV   347,85 EUR

3. 4840 VSV   1.993,32 EUR   an   2800 BK   1.993,32 EUR

4. Im Arbeitgeber- und Arbeitnehmeranteil zur Sozialversicherung sind folgende Versicherungen enthalten: Arbeitslosenversicherung, Rentenversicherung, Krankenversicherung und Pflegeversicherung.

Aufgabe 5-9   Rechnungswesen S. 110   Kapitel 5.6

1. In der Grafik „Wie viel Arbeit kostet" sind die Lohn- und Lohnnebenkosten in den EU-Mitgliedstaaten für das Jahr 2007 im verarbeitenden Gewerbe und bei marktnahen Dienstleistungen in Euro pro Stunde sowie der prozentuale Anstieg gegenüber 2006 dargestellt.

2. Statistiker rechnen in die Arbeitskosten alles hinein, was ein Arbeitgeber zur Beschäftigung eines Arbeitnehmers aufbringen muss: Bruttolöhne und -gehälter, Sozialbeiträge sowie Kosten für die berufliche Fortbildung.

3. Die Arbeitskosten beeinflussen die Wettbewerbsfähigkeit deutscher Unternehmer, weil je höher die Arbeitskosten sind, desto teurer bei gleicher Produktivität die Produkte angeboten werden müssen.

4. Lohnnebenkosten (in %) $= \dfrac{100,00\,\% \cdot 32,00\ \text{EUR}}{100,00\ \text{EUR}} = 32,00\,\%$

5. Unter einer betrieblichen Altersvorsorge versteht man, dass der Arbeitnehmer, wenn er langfristig im Unternehmen tätig ist, eine Betriebsrente erhält. Dabei werden von Arbeitgeber direkt Teile des Betriebsentgeltes sowie oftmals ein Zuschuss in eine Versicherung eingezahlt, die später die Rente auszahlt.

Aufgabe 5-10   Rechnungswesen S. 111   Kapitel 5.6

1. 2800 BK   1.785,00 EUR   an   5400 EMP   1.500,00 EUR

                                               4800 UST   285,00 EUR

2. 6010 AWF   400,00 EUR   an   4400 VE   476,00 EUR

   2600 VORST   76,00 EUR

3. 2400 FO   1.338,75 EUR   an   5000 UEFE   1.125,00 EUR

                                               4800 UST   213,75 EUR

4. 6011 BZKF   4,16 EUR   an   2880 KA   4,95 EUR

   2600 VORST   0,79 EUR

5. 6820 PUK   5,50 EUR   an   2880 KA   5,50 EUR

6.	5000 UEFE	22,50 EUR	an	2400 FO	26,78 EUR
	4800 UST	4,28 EUR			

7.	8010 SBK	3.500,00 EUR	an	2800 BK	3.500,00 EUR

Aufgabe 5-11 Rechnungswesen S. 111	Kapitel 5.6

1. Falsch. Eine Eröffnungsbilanz muss bei der Gründung und zu Beginn eines jeden Geschäftsjahres erstellt werden.
2. Richtig
3. Richtig
4. Falsch. Die Kirchensteuer beträgt in Bayern 8,00 % der Lohnsteuer.

6 Möglichkeiten der Finanzierung und der Kapitalanlage

6.1 Die Bankgeschäfte

Aufgabe für Einzel-, Partner- oder Gruppenarbeit S. 115	Kapitel 6.1

Bank	Regenbank	Parkbank	Sparbank
Art des Kontos	Girokonto	Girokonto	Girokonto
Mindesteingang	1.000,00 EUR (pro Monat)	–	–
EC-Karte	5,00 EUR	kostenlos	kostenlos
Kontoführung	kostenlos	kostenlos	5,00 EUR (pro Monat)
Guthabenzins	2,00 %	2,10 %	–
Überziehungszins	10,25 %	12,90 %	9,50 %

Familie Klug sollte ein Girokonto bei der Regenbank eröffnen. Der Überziehungszins wäre zwar bei der Sparbank etwas geringer, dafür verlangen sie pro Monat 5,00 EUR Kontoführungsgebühren. Zusätzlich bietet die Regenbank einen Guthabenzins in Höhe von 2,00 %.
Familie Taler sollte sich für die Parkbank entscheiden. EC-Karte und Kontoführung sind kostenlos und zusätzlich erhalten sie einen Guthabenzins von 2,10 %, der gegenüber den anderen beiden Banken höher ist.

Aufgaben für Einzel- oder Partnerarbeit S. 117	Kapitel 6.1

1. Kreditgeschäfte werden als Aktivgeschäfte bezeichnet, weil sie auf der Aktivseite der Bilanz ausgewiesen werden.

2. Kontokorrent- und Dispositionskredit sind beides Überziehungskredite. Der Dispositionskredit heißt für Unternehmen Kontokorrentkredit.

3. Kreditsicherheiten haben für die Banken eine große Bedeutung, denn hiermit verringern sie ihr eigenes Risiko erheblich. Wenn ein Kunde sein Haus als Sicherheit der Bank hinterlässt, kann die Bank bei ausbleibender Zahlung das Haus verkaufen und somit zu Geld kommen.

4. Aufgrund der hohen Überziehungszinsen erhalten die Banken bei Inanspruchnahme mehr Geld.

5. a) Fritz sollte in erster Linie Eigenkapital haben, um sich ein Haus zu kaufen. Um das Haus zu finanzieren, sollte er ein Annuitäten- oder Abzahlungsdarlehen in Anspruch nehmen.
   b) Familie Klug sollte für den Kauf einer neuen Küche einen Ratenkredit aufnehmen.
   c) Beate sollte auf alle Fälle sparen und niemals fürs Shoppen einen Kredit aufnehmen.
   d) Cathrin sollte ihren Dispositionskredit in Anspruch nehmen, weil am Monatsanfang ihr Gehalt auf dem Konto eingeht.

Aufgabe für Einzel- oder Partnerarbeit S. 119 — Kapitel 6.1

Wenn Beate ihr Geld im Moment nicht benötigt, sollte sie es in Termineinlagen oder auf einen Tagesgeldkonto anlegen. Hierbei bekommt Beate höhere Zinsen als bei Spareinlagen.

Aufgabe für Einzel-, Partner- oder Gruppenarbeit S. 119 — Kapitel 6.1

Barzahlung	= persönliche Übergabe einer bestimmten Geldsumme
Überweisung	= buchungsmäßige Übertragung (veranlasst durch die Bank) einer Geldsumme vom Konto des Zahlungspflichtigen auf das Konto des Zahlungsempfängers
Scheck	= eine Anweisung an eine Bank, für Rechnungen des Ausstellers eine bestimmte Geldsumme zu zahlen, er wird vom Zahlungspflichtigen ausgestellt und dem Empfänger übergeben
Scheckkarte	= auch EC-Karte genannt, sie wird von der eigenen Bank ausgestellt, diese erlaubt das Abheben von Geld am Bankautomaten
Kreditkarte	= dient zur bargeldlosen Bezahlung von Waren und Dienstleistungen und zur Bargeldbeschaffung an Geldautomaten, im Gegensatz zur Scheckkarte erfolgt hier eine monatliche Abrechnung
Dauerauftrag	= ein einmalig erteilter Auftrag an eine Bank, zu bestimmten, regelmäßig wiederkehrenden Terminen an denselben Zahlungsempfänger einen bestimmten Geldbetrag zu überweisen
Einzugsverfahren	= hierbei hat der Zahlungspflichtige den Zahlungsempfänger ermächtigt, bestimmte Beträge von der Bank einziehen zu lassen
Onlinebanking	= hierbei werden Bankgeschäfte mithilfe des Computers abgewickelt

Aufgaben für Einzelarbeit S. 121 — Kapitel 6.1

1. a) Die Grafik „Kehraus im Depot" gibt einen Überblick, wie viele Millionen Bundesbürger Aktien und Investmentfonds besitzen.
   b) Die Zahl der Aktionäre und Fondsbesitzer stieg von 1997 bis 2001 erheblich an. Von 2001 bis 2009 ist ein sichtbarer Rückgang zu erkennen.
   c) Der Wertpapiermarkt hat von 2001 bis 2009 31,44 % an Aktionären und Fondsbesitzern eingebüßt.
   d) Die Anlage in Fonds ist nicht so risikobehaftet wie die Anlage in Aktien.
   e) Individuelle Schülerlösung

2. a) Das Geldvermögen der Bundesbürger ist von 2000 bis 2002 leicht angestiegen. 2001 konnte man einen kleinen Rückgang erkennen. Ab 2002 bis 2007 erfolgte ein starker Anstieg des Geldvermögens, das ab 2007 bis 2008 wieder leicht zurückging.

   b) Die Bürger legen ihr Vermögen in folgender Reihenfolge an (absteigend): Versicherungen, Bargeld und Sichteinlagen, Spareinlagen und Sparbriefe, Investmentzertifikate, Termingelder, festverzinsliche Wertpapiere, Pensionsrückstellungen, Aktien und Sonstiges.

   c) Spareinlagen sind weniger risikobehaftet als Aktien. Die Bundesbürger setzen mehr auf Sicherheit als auf Risiko.

6.2 Das magische Dreieck der Geldanlage

| Aufgaben für Einzel- oder Partnerarbeit S. 123 | Kapitel 6.2 |

1. Obiges Schaubild zeigt, in welchen Geldanlagen private Haushalte in Deutschland im Jahr 2009 ihr Geld anlegten.
2. Aus dem Schaubild lässt sich herauslesen, dass die Bundesbürger ihr Geld lieber auf dem Girokonto anlegen als in Termingeldern.
3. Individuelle Schülerlösung
4. Es werden folgende Anlageformen im Schaubild dargestellt: Girokonten, Anlagen bei Versicherungen, Spareinlagen, Investmentzertifikate, betriebliche Pensionsrückstellungen, sonstige Beteiligungen, Aktien, Rentenwerte, Sparbriefe und Termingelder.
5. Das Anlegen von Geld auf einem Girokonto ist weniger risikobehaftet als Aktien. Die Bundesbürger setzen mehr auf Sicherheit als auf Risiko.

| Aufgabe für Einzel-, Partner- oder Gruppenarbeit S. 125 | Kapitel 6.2 |

So sollte die Tabelle aussehen:

Anlageform	Sicherheit	Rentabilität	Liquidität
Sichteinlagen	● hoch ○ mittel ○ niedrig	○ hoch ○ mittel ● niedrig	● hoch ○ mittel ○ niedrig
Termineinlagen	● hoch ○ mittel ○ niedrig	○ hoch ● mittel ○ niedrig	○ hoch ● mittel ○ niedrig
Spareinlagen	● hoch ○ mittel ○ niedrig	○ hoch ● mittel ○ niedrig	○ hoch ● mittel ○ niedrig
Festverzinsliche Wertpapiere	● hoch ○ mittel ○ niedrig	● hoch ○ mittel ○ niedrig	○ hoch ○ mittel ● niedrig
Aktien	○ hoch ○ mittel ● niedrig	○ hoch ● mittel ○ niedrig	○ hoch ○ mittel ● niedrig
Investmentzertifikate	○ hoch ● mittel ○ niedrig	○ hoch ● mittel ○ niedrig	○ hoch ○ mittel ● niedrig

6.3 Die Effektenbörse als Markt für Wertpapiere

6.4 Von der Prozent- zur Zinsrechnung

Aufgabe für Einzel-, Partner- oder Gruppenarbeit S. 129   Kapitel 6.4

$$\text{Zinsen} = \frac{200{,}00 \cdot 3{,}00}{100} = 6{,}00 \text{ EUR}$$

Aufgabe 6-1   Rechnungswesen S. 131   Kapitel 6.4

1. 300,00 EUR zu 5,00 % für 40 Tage
   840,00 EUR zu 3,00 % für 96 Tage
   2.700,00 EUR zu 4,00 % für 210 Tage

$$Z = \frac{300{,}00 \cdot 5{,}00 \cdot 40}{100 \cdot 365} = 1{,}64 \text{ EUR}$$

$$Z = \frac{840{,}00 \cdot 3{,}00 \cdot 96}{100 \cdot 365} = 6{,}63 \text{ EUR}$$

$$Z = \frac{2.700{,}00 \cdot 4{,}00 \cdot 210}{100 \cdot 365} = 62{,}14 \text{ EUR}$$

2. 6.000,00 EUR zu 7,50 % für 7 Monate
   3.600,00 EUR zu 9,50 % für 4 Monate
   5.400,00 EUR zu 4,50 % für 9 Monate

$$Z = \frac{6.000{,}00 \cdot 7{,}50 \cdot 7}{100 \cdot 12} = 262{,}50 \text{ EUR}$$

$$Z = \frac{3.600{,}00 \cdot 9{,}50 \cdot 4}{100 \cdot 12} = 114{,}00 \text{ EUR}$$

$$Z = \frac{5.400{,}00 \cdot 4{,}50 \cdot 9}{100 \cdot 12} = 182{,}25 \text{ EUR}$$

Aufgabe 6-2   Rechnungswesen S. 131   Kapitel 6.4

$$Z = \frac{7.500{,}00 \cdot 6{,}50 \cdot 9}{100 \cdot 12} = 365{,}63 \text{ EUR}$$

Frau Vogel muss an ihre Verwandten 365,63 EUR Zinsen zahlen.

Aufgabe 6-3   Rechnungswesen S. 131 f.   Kapitel 6.4

1. $$Z = \frac{17.500{,}00 \cdot 4{,}00 \cdot 272}{100 \cdot 365} = 521{,}64 \text{ EUR}$$

   Frau Anna bekommt 521,64 EUR Zinsen.

2. $Z = \dfrac{125.000,00 \cdot 6,50 \cdot 3}{100 \cdot 12} = 2.031,25$ EUR

ADA-Sportartikel muss 2.031,25 EUR Zinsen für das Darlehen zahlen.

3. $Z = \dfrac{360,00 \cdot 5,75 \cdot 62}{100 \cdot 365} = 3,52$ EUR

Kosten insgesamt = 360,00 + 3,52 = 363,52 EUR
Beates Onkel schuldet der Reparaturwerkstatt insgesamt 363,52 EUR.

4. $Z = \dfrac{25.000,00 \cdot 5,50 \cdot 425}{100 \cdot 365} = 1.601,03$ EUR

Rückzahlung insgesamt = 25.000,00 + 1.601,03 = 26.601,03 EUR
Familie Klug muss insgesamt 26.601,03 EUR zurückzahlen.

Aufgabe für Einzel-, Partner- oder Gruppenarbeit S. 134   Kapitel 6.4

$K = \dfrac{14,00 \cdot 100 \cdot 365}{4,00 \cdot 77} = 1.659,09$ EUR

Beate hat 1.659,09 EUR auf ihrem Sparbuch angelegt.

Aufgabe 6-4   Rechnungswesen S. 134   Kapitel 6.4

1. $K = \dfrac{19,00 \cdot 100 \cdot 365}{4,00 \cdot 365} = 475,00$ EUR

2. $K = \dfrac{35,00 \cdot 100 \cdot 365}{3,50 \cdot 130} = 2.807,69$ EUR

3. $K = \dfrac{27,00 \cdot 100 \cdot 12}{5,00 \cdot 6} = 1.080,00$ EUR

4. $K = \dfrac{15,75 \cdot 100 \cdot 12}{4,50 \cdot 3} = 1.400,00$ EUR

5. $K = \dfrac{1,75 \cdot 100 \cdot 365}{3,50 \cdot 30} = 608,33$ EUR

Aufgabe 6-5   Rechnungswesen S. 135   Kapitel 6.4

$K = \dfrac{1.593,00 \cdot 100 \cdot 12}{5,50 \cdot 6} = 57.927,27$ EUR

Herr Dall hat ein Geldvermögen in Höhe von 57.927,27 EUR.

Aufgabe 6-6   Rechnungswesen S. 135   Kapitel 6.4

$K = \dfrac{1.200,00 \cdot 100 \cdot 12}{6,00 \cdot 1} = 240.000,00$ EUR

$$K = \frac{1.200,00 \cdot 100 \cdot 12}{7,50 \cdot 1} = 192.000,00 \text{ EUR}$$

Familie Klug kann bei einem Zinssatz von 6,00 % 240.000,00 EUR, bei einem Zinssatz von 7,50 % nur 192.000,00 EUR aufnehmen.

Aufgabe 6-7 Rechnungswesen S. 135	Kapitel 6.4

1. 2400 FO   an   5000 UEFE   17.850,00 EUR   15.000,00 EUR

                                          4800 UST   2.850,00 EUR

2. Zeit = 15. Oktober – 25. Dezember = 71 Tage

$$Z = \frac{15.000,00 \cdot 5,50 \cdot 71}{100 \cdot 365} = 160,48 \text{ EUR}$$

Gesamtforderung = 15.000,00 + 160,48 = 15.160,48 EUR
Die Gesamtforderung an Sport „Fit und Fun" beläuft sich auf 15.160,48 EUR.

Aufgabe für Einzel-, Partner- oder Gruppenarbeit S. 135	Kapitel 6.4

$$p = \frac{3.000,00 \cdot 100 \cdot 365}{25.000,00 \cdot 438} = 10,00 \%$$

Der Kredit wurde zu einem Zinssatz von 10,00 % aufgenommen.

Aufgabe 6-8 Rechnungswesen S. 136	Kapitel 6.4

1. $$p = \frac{320,00 \cdot 100 \cdot 365}{4.000,00 \cdot 450} = 6,49 \%$$

2. $$p = \frac{37,50 \cdot 100 \cdot 365}{7.500,00 \cdot 15} = 12,17 \%$$

3. $$p = \frac{15,00 \cdot 100 \cdot 12}{900,00 \cdot 2} = 10,00 \%$$

4. $$p = \frac{18,75 \cdot 100 \cdot 12}{2.500,00 \cdot 3} = 3,00 \%$$

Aufgabe 6-9 Rechnungswesen S. 136	Kapitel 6.4

1. $$p = \frac{2.000,00 \cdot 100 \cdot 12}{20.000,00 \cdot 6} = 20,00 \%$$

2. $$p = \frac{1.000,00 \cdot 100 \cdot 12}{12.000,00 \cdot 10} = 10,00 \%$$

3. $$p = \frac{800,00 \cdot 100 \cdot 12}{15.000,00 \cdot 4} = 16,00 \%$$

Das erste Angebot erscheint aufgrund des hohen Zinssatzes sehr unglaubwürdig.

Aufgabe 6-10   Rechnungswesen S. 137   Kapitel 6.4

1. Z = 6.848,00 EUR − 6.400,00 EUR = 448,00 EUR

2. $p = \dfrac{448,00 \cdot 100}{6.400,00} = 7,00\,\%$

Aufgabe 6-11   Rechnungswesen S. 137   Kapitel 6.4

Beate: t = 31 - 2 + 28 + 31 + 30 + 31 + 30 + 31 + 31 + 30 + 31 + 30 + 30 = 362 Tage

$p = \dfrac{5,50 \cdot 100 \cdot 365}{1.100,00 \cdot 362} = 0,50\,\%$

Martin:

$p = \dfrac{7,36 \cdot 100 \cdot 365}{620,00 \cdot 285} = 1,52\,\%$

Martin bekommt den höheren Zinssatz.

Aufgabe für Einzel-, Partner- oder Gruppenarbeit S. 137   Kapitel 6.4

$t = \dfrac{140,00 \cdot 100 \cdot 12}{8.000,00 \cdot 3,00} = 7$ Monate

Aufgabe 6-12   Rechnungswesen S. 138   Kapitel 6.4

1. $t = \dfrac{320,00 \cdot 100 \cdot 12}{4.000,00 \cdot 6,49} = 14,79$ Monate

2. $t = \dfrac{37,50 \cdot 100 \cdot 365}{7.500,00 \cdot 12,17} = 15$ Tage

3. $t = \dfrac{15,00 \cdot 100 \cdot 12}{900,00 \cdot 10,00} = 2$ Monate

4. $t = \dfrac{18,75 \cdot 100 \cdot 12}{2.500,00 \cdot 3,00} = 3$ Monate

Aufgabe 6-13   Rechnungswesen S. 138   Kapitel 6.4

1. 6000 AWR   an   4400 VE   6.000,00 EUR   7.140,00 EUR
    2600 VORST   1.140,00 EUR

2. $t = \dfrac{263,01 \cdot 100 \cdot 365}{6.000,00 \cdot 5,00} = 320$ Tage

Der Kredit wurde am 26. Januar des darauffolgenden Jahres zurückbezahlt.

$$t = \frac{40,00 \cdot 100 \cdot 365}{960,00 \cdot 4,50} = 337,96 \text{ Tage}$$

1. t = 2. März – 15. Juni = 105 Tage

$$Z = \frac{35.000,00 \cdot 7,50 \cdot 105}{100 \cdot 365} = 755,14 \text{ EUR}$$

Überweisungsbetrag = 35.000,00 EUR + 755,14 EUR = 35.755,14 EUR

2800 BK	an	2400 FO	35.755,14 EUR	35.000,00 EUR
		5710 ZE		755,14 EUR

2. $p = \dfrac{15.000,00 \cdot 100 \cdot 12}{250.000,00 \cdot 9} = 8,00\,\%$

3. t = 8. März – 24. September = 200 Tage

$$K = \frac{320,00 \cdot 100 \cdot 365}{8,00 \cdot 200} = 7.300,00 \text{ EUR}$$

4. $t = \dfrac{493,15 \cdot 100 \cdot 365}{24.000,00 \cdot 5,00} = 150 \text{ Tage}$

Am 19. Juni kann Familie Klug die Summe in Höhe von 24.493,15 EUR abheben.

Familie Klug sollte sich für die Handelsbank Franken entscheiden, weil sie einen geringeren effektiven Zinssatz anbietet.

6.5   Die Kehrseite von Krediten

1. Individuelle Schülerlösung

2. Gründe für die hohe Verschuldung der 13- bis 24-Jährigen:
    - sorgloser Umgang mit dem Handy
    - schlechtes Vorbild des Elternhauses
    - zu frühe Gewährung von Dispo-Krediten
    - Arbeitslosigkeit
    - Werbung
    usw.

3. Individuelle Schülerlösung

1. Die Schuldnerberatungsstellen helfen Personen, die in die Schuldenfalle geraten sind.

2. Ablauf des Verbraucherinsolvenzverfahrens: 1. außergerichtlicher Einigungsversuch, 2. gerichtlicher Weg, 3. Wohlverhaltensphase (siehe S. 145)

3. Individuelle Schülerlösung

4. a) Die Grafik trägt den Namen „Schuldenklemme", weil man sprichwörtlich in der Klemme steckt, wenn man Schulden hat.
   b) • Verbraucherinsolvenzen im Jahr 1999: 3.357
      • Verbraucherinsolvenzen im Jahr 2008: 97.000

   $$\text{Prozentualer Anstieg} = \frac{93.643 \cdot 100}{3.357} = 2.789,48\,\%$$

   Dies entspricht einem prozentualen Anstieg von 2.789,48 %.
   c) Ursachen für die Überschuldung: Arbeitslosigkeit, Trennung, Scheidung, Tod des Partners, Erkrankung, Sucht, Unfall, gescheiterte Selbstständigkeit, unwirtschaftliche Haushaltsführung, gescheiterte Immobilienfinanzierung.

Individuelle Schülerlösung

6.6   Die Erkundung eines Kreditinstituts

1. Es ist nur dann sinnvoll, einen Kredit aufzunehmen, wenn man einen gesicherten Arbeitsplatz hat und das nötige Geld, um den Kredit zurückzahlen zu können. Wenn dies nicht der Fall ist, sollte man auf keinen Fall einen Kredit in Anspruch nehmen.

2. Arten von Krediten: Dispositions- oder Überziehungskredit, Konsumenten- oder Verbraucherkredit, Investitionskredit

3. Um den Möbelkauf zu finanzieren, eignet sich ein Konsumenten- oder Verbraucherkredit (Ratenkredit).

4. Die monatliche Belastung hängt von ihren Ausgaben und Verpflichtungen pro Monat ab.

5. Nein, es reicht nicht aus, beim Vergleich verschiedener Kreditangebote die Zinssätze pro Monat zu vergleichen. Es sollte der effektive Zinssatz in Betracht gezogen werden.

6. Es können folgende Sicherheiten für die Kreditgewährung verlangt werden: das gekaufte Gut selbst, Grund und Boden.

1.

Anlageformen	Merkmale
Sichteinlagen	▪ Geld kann jederzeit in voller Höhe abgehoben werden (täglich fällige Gelder) ▪ gar keine oder nur geringe Verzinsung ▪ dient dem täglichen Zahlungsverkehr
Termineinlagen	▪ Festgeld (Geld wird für einen bestimmten Zeitraum fest angelegt) ▪ Kündigungsgelder (vereinbarte Kündigungsfrist) ▪ dient der verzinslichen Anlage von Geldern Voraussetzung: Geld wird nicht benötigt!
Spareinlagen (Sparbuch)	▪ je länger die Kündigungsfrist, desto höher der Zinssatz ▪ pro Monat bis zu 1.500 EUR abhebbar ▪ geringer Zinssatz
Tagesgeldkonto	▪ keine Zahlungsfunktion! ▪ wesentlich höhere Verzinsung als bei Spar- und Sichteinlagen
Festverzinsliche Wertpapiere	▪ während Laufzeit gleichbleibender Zinsertrag
Aktien	▪ Anteil am Grundkapital einer Aktiengesellschaft ▪ schwankende Kurswerte, sehr hohes Risiko
Investmentzertifikate	Vorteil: breite Streuung des angelegten Kapitals, geringeres Risiko als bei Aktien

2. Zu beachtende Kriterien bei der Wahl einer geeigneten Anlageform:
    ▪   Wie schnell benötigt man das angelegte Kapital (Liquidität)?
    ▪   Ist man auf das angelegte Kapital angewiesen (Sicherheit)?
    ▪   usw.

3. Lara sollte ihr Geld entweder in Termineinlagen oder in festverzinsliche Wertpapiere anlegen. Hierbei hat sie einen garantierten Zinssatz und das geringste Risiko.

4. Lara sollte ihr Geld entweder in Sichteinlagen oder in Spareinlagen investieren. Dabei kann sie jederzeit über ihr Geld verfügen.

Aufgaben: Gruppe 3   S. 149   Kapitel 6.6

1. Individuelle Schülerlösung

2. Dieses Verfahren heißt Einzugsermächtigungsverfahren.

3. Individuelle Schülerlösung

7 Einführung ins Strafrecht

1. Alle sechs Bilder befassen sich mit dem Begriff Recht, Justiz im weitesten Sinn

2. ■ Handschellen: Strafrecht
   - ■ Gefängnis: Strafrecht
   - ■ Diebstahl: Strafrecht
   - ■ Testament: Privates Recht
   - ■ Kaufvertrag: Privates Recht
   - ■ Zivilverfahren: Privates Recht

7.1 Die Strafrechtsfunktionen

1. Im linken Bild wird der Täter vom Opfer, dem Unfallgeschädigten, zur Rechenschaft gezogen. Die Polizei stellt im rechten Bild die Sicherheit wieder her. Weder Täter noch Opfer dürfen sich selbst wehren. Würde dies geschehen, würde in unserem Rechtssystem das Chaos herrschen.

2. Selbstjustiz soll verhindert werden.

1. München, Stuttgart, Schwäbisch Gmünd, Hannover, Rostock, Hamburg, Kiel, Leipzig

2. München

3. Hamburg mit einem Anstieg von 10,50 %

7.2 Die verschiedenen Zwecke der staatlichen Strafen

Würde es keine Strafe geben, würde in der Gesellschaft Chaos herrschen, da die Selbstjustiz Vorrang hätte (Anarchie).

1. Beide Bilder stellen Maßnahmen der Folter dar.
   Linkes Bild: Dem Täter wird mit einem Schwert der Kopf abgetrennt. (Enthauptung)
   Rechtes Bild: Die Täterin wird an Händen und Füßen zusammengebunden und ins Wasser geworfen. (Ertränkung)

2. Pro: Abschreckung der Täter
              Abschreckung der Allgemeinheit
              Darstellung der staatlichen Macht
   Kontra: Menschenrechte werden nicht geachtet
              Harte Strafen auch für geringe Taten

Aufgabe für Gruppenarbeit S. 156	Kapitel 7.2

Individuelle Schülerlösung

7.3 Die Straftaten

Aufgaben für Einzelarbeit S. 158	Kapitel 7.3

1. ▪ Straftaten gegen das Leben:

§ 211 StGB	Mord
§ 212 StGB	Totschlag
§ 216 StGB	Tötung auf Verlangen

▪ Straftaten gegen den Körper:

§ 176 StGB	Sex. Missbrauch von Kindern
§ 223 StGB	Körperverletzung
§ 231 StGB	Beteiligung an einer Schlägerei

▪ Straftaten gegen die Gesundheit:

§ 223 StGB	Körperverletzung
§ 234 StGB	Menschenraub
§ 224 StGB	Gefährliche Körperverletzung

▪ Straftaten gegen die Freiheit:

§ 240 StGB	Nötigung
§ 234 StGB	Menschenraub
§ 236 StGB	Kinderhandel

▪ Straftaten gegen das Eigentum:

§ 242 StGB	Diebstahl
§ 303 StGB	Sachbeschädigung
§ 249 StGB	Raub

▪ Straftaten gegen das Persönlichkeitsrecht:

§ 202 StGB	Verletzung des Briefgeheimnisses
§ 267 StGB	Urkundenfälschung
§ 277 StGB	Fälschung von Gesundheitszeugnissen

2. Nebengesetze:
Wehrstrafgesetz, Ordnungswidrigkeitengesetz, Betäubungsmittelgesetz, Jugendgerichtsgesetz, …

Aufgabe für Einzelarbeit S. 158	Kapitel 7.3

Die Taten von Hugo und Fritz dürfen nicht gleichwertig behandelt werden, da ein Bankraub eine schwerere Tat darstellt als ein Bagatelldiebstahl. Die Taten müssen nach der Schwere der Tat eingeordnet werden und demnach bestraft werden.

1.

Verbrechen und Vergehen

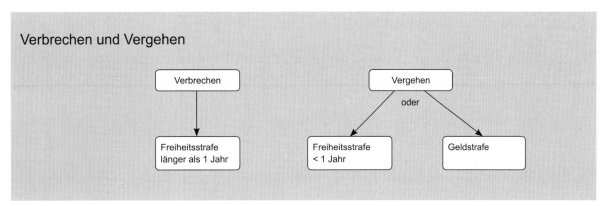

2. § 211 StGB   Mord: Verbrechen
   § 259 StGB   Hehlerei: Vergehen
   § 170 (1) StGB   Verletzung der Unterhaltspflicht: Vergehen
   § 170d StGB   Verletzung der Aufsichtspflicht: Vergehen

3. a) 6,11 Millionen Straftaten
   b) einfacher Diebstahl mit 20,90 %
   c) 2004 mit 6,63 Millionen Straftaten

7.4 Grundsätze der Rechtsstaatlichkeit

Gemeinsamkeiten: Alle drei Fälle können eine Straftat darstellen (Fall 1: Körperverletzung; Fall 2: Betrug; Fall 3: Diebstahl).

Unterschiede: Bei Fall 1 ist keine bewusste Handlung ersichtlich. Anton hat Peter nicht absichtlich verletzt. Daher kann keine strafbare Handlung vorliegen. Hingegen ist im Fall 2 und im Fall 3 eine bewusste Handlung und damit eine Straftat gegeben.

1. **Prüfung nach § 242 StGB; objektive Tatbestandsmerkmale:**
   - **Wegnahme einer fremden Sache:**
     Der frühere Eigentümer der Uhr hat die tatsächliche Sachherrschaft an der Uhr verloren, somit hat er keinen Gewahrsam mehr. Henriette konnte die Sache nicht wegnehmen. Daher liegt keine Straftat nach § 242 StGB vor.

2. **Prüfung nach § 242 StGB; objektive Tatbestandsmerkmale:**
   - **Wegnahme einer fremden beweglichen Sache:**
     Der Sportwagen stellt eine Sache dar und steht nicht im Eigentum des Yanik, weshalb die Sache fremd ist. Ebenso ist der Sportwagen nicht mit der Erde verbunden und daher eine bewegliche Sache.

- **Wegnahme aus dem Gewahrsam eines anderen und Begründung eines neuen Gewahrsams:**
  Yanik entwendet den Sportwagen und begründet so neuen Gewahrsam.
  Die objektiven Tatbestandsmerkmale des Diebstahls nach § 242 StGB sind erfüllt.

Subjektive Tatbestandsmerkmale:
- **Zueignungsabsicht:**
  Yanik hat zwar das Auto weggenommen, aber ohne Zueignungsabsicht. Er wollte das Auto nicht dauerhaft entziehen; er hat es nach seiner Spritztour wieder zurückgestellt. Die subjektiven Tatbestandsmerkmale nach § 242 StGB sind nicht erfüllt.

Es liegt keine Straftat nach § 242 StGB vor.

Aufgabe für Partnerarbeit S. 163 — Kapitel 7.4

§ 223a StGB gefährliche Körperverletzung:	Körperverletzung in gefährlicher Begehungsart.
§ 224 StGB schwere Körperverletzung:	Körperverletzung mit schwerer Folge.
§ 225 StGB beabsichtigte schwere Körperverletzung:	wie schwere Körperverletzung, bei der die Folge beabsichtigt war.
§ 226 StGB Körperverletzung mit Todesfolge	
§ 227 StGB fahrlässige Körperverletzung:	Körperverletzung ist billigend in Kauf genommen worden.

Aufgabe für Einzel- oder Partnerarbeit S. 163 — Kapitel 7.4

§ 123 StGB Hausfriedensbruch
1. **objektiver Tatbestand:**
- Eindringen in eine Wohnung, Geschäftsräume, befriedetes Besitztum oder geschlossene Räume eines anderen (für öffentlichen Dienst oder Verkehr bestimmt)
- widerrechtliches Eindringen
  Oder:
  Verweilen ohne Befugnis trotz Aufforderung zur Entfernung

2. **Subjektiver Tatbestand:**
- Absicht, sich Zugang zu den Räumlichkeiten zu verschaffen.

Aufgabe für Einzel- oder Partnerarbeit S. 164 — Kapitel 7.4

§ 223 StGB Körperverletzung
1. **objektiver Tatbestand**
   a) **Körperliche Misshandlung**
      Hier: (+), da O gegen die Wand geschleudert wurde und dabei eine Schädelverletzung erlitt
   b) **Gesundheitsschädigung**
      Hier: (+): durch die erlittene Schädelverletzung ist bei O ein krankhafter Zustand herbeigeführt worden

2. **subjektiver Tatbestand**
   (+), da Hans vorsätzlich auf O einschlug

Die Tatbestandsmäßigkeit des § 223 StGB ist gegeben.

1. § 20 StGB (-), da keine krankhafte seelische Störung ersichtlich ist; jedoch kann von einer verminderten Schuldfähigkeit ausgegangen werden, da er 2,0 Promille Alkohol im Blut hatte.

2. Heiko ist nach § 19 StGB schuldunfähig, da er erst 10 Jahre alt ist. Er kann nicht wegen Diebstahl nach § 242 StGB bestraft werden.

Schaubild „Tatort Deutschland"

Quelle: Polizeiliche Kriminalstatistik

Zum einen werden die polizeilich registrierten Straftaten in Deutschland in Millionen beleuchtet, zum anderen die Fälle der Straftaten je 100.000 Einwohner.

1993 wurden 6,75 Millionen Straftaten registriert, 2008 hingegen nur noch 6,11 Millionen. Dies führt zu einer Abnahme von Straftaten von 0,64 Millionen. Der Höchststand an Straftaten war im Jahr 2004 mit 6,63 Millionen Straftaten zu verzeichnen.

1993 ereigneten sich in Deutschland 8.337 Fälle pro 100.000 Einwohner, 2008 hingegen nur noch 7.437 Fälle. Der Höchststand war 1993 zu verzeichnen.

Schaubild „Kleine Fische, schwere Jungs"

Das Schaubild befasst sich einerseits mit den erfassten Straftaten in Millionen in den Jahren 1998 bis 2007 und andererseits mit den in 2007 erfassten Straftaten.

1998 wurden 6,46 Millionen, 2007 6,28 Millionen Straftaten erfasst. Der Höhepunkt der verübten Straftaten ist im Jahr 2004 mit 6,63 Millionen zu verzeichnen.

2007 war mit 20,90 % der einfache Diebstahl führend bei den Straftaten, gefolgt vom schweren Diebstahl mit 19,80 %. Die am seltensten begangene Straftat ist diejenige, die gegen das Leben gerichtet ist mit 0,10 %.

7.5 Folgen strafbarer Handlungen

Schaubild „In Justizvollzugsanstalten einsitzende Erwachsene"

Stichtag für das Schaubild war der 31.03.2009.

Im Jahr 2009 befanden sich insgesamt 55.043 Strafgefangene in deutschen Gefängnissen. Der Hauptteil der Strafgefangenen ist für weniger als 9 Monate verurteilt worden; der Prozentsatz liegt bei 36,00 %; das entspricht 19.843 Gefangenen, gefolgt von den zu 2–5 Jahren verurteilten Straftätern mit 24,00 %. Die zu lebenslanger Haft verurteilten Straftäter bilden das Schlusslicht mit 4,00 % aller Strafgefangenen.

Schaubild „Belegungsfähigkeit und Belegung der Justizvollzugsanstalten"

1995 gab es in Deutschland 70.978 Haftplätze, 2009 waren es bereits 78.921 Plätze. Bei den Einsitzenden in Deutschland lässt sich ein Rückgang von 71.303 1995 auf 70.817 im Jahr 2009 verzeichnen.

Aufgabe für Gruppenarbeit S. 172   Kapitel 7.5

Argumente für die Anpassung der Tagessätze an die wirtschaftlichen Verhältnisse:
- Jeden Straftäter muss die Strafe in gleicher Weise belasten.
- Prinzip der Gleichbehandlung

Argumente gegen die Anpassung der Tagessätze an die wirtschaftlichen Verhältnisse:
- Gleichheitsgebot
- Wer eine Strafe begeht, muss mit einer Bestrafung, vor allem mit einer Geldstrafe, rechnen.

Aufgaben für Gruppenarbeit S. 173   Kapitel 7.5

1. Individuelle Schülerlösung

2. **Schaubild „Drogen am Steuer"**
   Das Schaubild vom Kraftfahrt-Bundesamt über Drogenverstöße im Straßenverkehr zeigt die Entwicklung von 2004 bis 2008 auf. Tendenziell lässt sich ein Rückgang verzeichnen. Insgesamt sind 2004 243.400 Drogenverstöße verzeichnet worden; davon sind 218.700 Fälle auf Alkohol im Verkehr entfallen und 24.700 Fälle auf reine Drogendelikte.
   Hingegen sind 2008 nur noch 221.800 Delikte bei Drogenverstößen allgemein zu verzeichnen gewesen. Davon entfielen 190.800 auf Alkoholdelikte und 31.000 auf reine Drogendelikte. Dies zeigt, dass die reinen Drogendelikte über die fünf Jahre um 5.300 Fälle angestiegen sind.

Aufgaben für Einzel- oder Partnerarbeit S. 174   Kapitel 7.5

1. Mit dem Entzug der Fahrerlaubnis wird dem Täter vor Augen geführt, was es bedeutet, sich ohne sein Kfz fortbewegen zu müssen. Für viele Menschen ist der Verzicht auf den Pkw schlimmer als eine Geldstrafe.

2. **Sicherungsverwahrung**
   Die Ausgestaltung der Sicherungsverwahrung wird von den §§ 129 ff. StVollzG geregelt. Gegenüber dem normalen Strafvollzug gibt es in der Sicherungsverwahrung einige Erleichterungen und Besonderheiten:
   - Sicherungsverwahrte haben einen größeren Freiraum bei der Ausgestaltung ihrer Zelle (§ 131 StVollzG).
   - Sie dürfen eigene(s) Kleidung, Wäsche und Bettzeug benutzen, wenn dadurch nicht die Sicherheit der Anstalt gefährdet wird und sie für deren Reinigung, Wechsel und Instandsetzung selbst aufkommen (§ 132 StVollzG).
   - Sie haben einen Anspruch auf bezahlte Selbstbeschäftigung, sofern diese zum Erhalt oder zur Förderung einer Erwerbstätigkeit nach der Entlassung nützlich ist (§ 133 StVollzG).
   - Zur Entlassungsvorbereitung sind zusätzliche Vollzugslockerungen und Sonderurlaub möglich (§ 134 StVollzG).

3. • **Fahrverbot:**
   Nebenstrafe: Führerschein wird bei der zuständigen Polizeidienststelle aufbewahrt und kann nach Ablauf der Frist abgeholt werden.
   • **Entzug der Fahrerlaubnis:**
   Maßregel: Die Fahrerlaubnis muss nach Ablauf der Frist ganz oder in Teilen neu erworben werden.

7.6 Straftaten und Ordnungswidrigkeiten

Aufgaben für Einzel- oder Partnerarbeit S. 175	Kapitel 7.6

Beispiel 1: § 111 OWiG, falsche Namensangabe
Beispiel 2: § 117 OWiG, unzulässiger Lärm

Aufgaben für Gruppenarbeit S. 176	Kapitel 7.6

Siehe Übersicht S. 176: „Straftaten und Ordnungswidrigkeiten"

7.7 Das Strafverfahren

Aufgaben für Einzel- oder Partnerarbeit S. 177	Kapitel 7.7

1. Das Strafverfahren muss ein Gleichgewicht aus Wahrheit, Gerechtigkeit und Rechtsfrieden darstellen; würde einer der drei Punkte überwiegen, würde die Waage kippen und es würde die Frage von Schuld oder Unschuld nicht mehr beantwortet werden können. Das Urteil kann nur auf Grundlage dieser drei Prinzipien gefällt werden.

2. ▪ Wahrheit: Im Prozess soll die Wahrheit herausgefunden werden unter zur Hilfenahme von Beweisen.
   ▪ Gerechtigkeit: Die Wahrheit darf nicht um jeden Preis erforscht werden, wenn dadurch ein anderes Gesetz verletzt werden sollte.
   ▪ Rechtsfrieden: Das Urteil soll den Streitfall regeln und Frieden schaffen.

Aufgaben für Einzelarbeit S. 178	Kapitel 7.7

§ 259 StGB Hehlerei

Aufgaben für Einzelarbeit S. 179	Kapitel 7.7

Fall 1: § 224 StGB Gefährliche Körperverletzung
I. Tatbestandsmäßigkeit
1. Objektive Tatbestandsmerkmale
   ▪ **körperliche Misshandlung oder Gesundheitsschädigung**
     Ein Jugendlicher wurde mit einem Messer am linken Oberschenkel verletzt, was eine Gesundheitsschädigung darstellt.
   ▪ **gefährliche Tatbegehung im Sinne des § 224 I S. 1–5 StGB**
     Im vorliegenden Fall ist die Gesundheitsschädigung mittels eines gefährlichen Werkzeuges nach 224 I S. 2 StGB, hier Messer, begangen worden.
     Die objektiven Tatbestandsmerkmale sind erfüllt.
2. Subjektive Tatbestandsmerkmale
   ▪ **Absicht der Schädigung mit dem Qualifikationsmerkmal nach § 224 I S. 2 StGB**
     Der Täter hat die Umkleidekabine der Turnhalle betreten, um das Opfer mit dem Messer zu verletzen.
     Die subjektiven Tatbestandsmerkmale sind erfüllt.

II. Rechtswidrigkeit

Rechtfertigungsgründe (Notwehr, Notstand) für die Tat sind in diesem Fall nicht ersichtlich. Rechtswidrigkeit ist gegeben.

III. Schuld
1. Schuldfähigkeit

Die Tat könnte straflos bleiben, wenn eine Schuldunfähigkeit nach § 19 StGB vorliegen würde. Der Täter ist im Zeitpunkt der Tatbegehung bereits 14 Jahre alt und somit nach dem Jugendgerichtsgesetz zu verurteilen.

2. Vorsatz oder Fahrlässigkeit

In diesem Fall ist von Vorsatz auszugehen, da der Täter mit Wissen und Wollen das Opfer mit dem Messer verletzt hat. Der Täter weiß, dass er eine Straftat begangen hat. Die Schuld des Täters liegt vor.

Ergebnis:

Alle Tatbestandsmerkmale des § 224 StGB liegen vor, weshalb der Täter nach diesem Paragrafen bestraft werden kann.

Fall 2: § 243 StGB Besonders schwerer Fall des Diebstahls
I. Tatbestandsmäßigkeit
1. Objektive Tatbestandsmerkmale

- **Wegnahme einer fremden beweglichen Sache**
  Die Täter haben aus einem Gebäude, das nicht in ihrem Eigentum stand, Kleinmaschinen, Laptop, Drucker und Digitalkamera weggenommen. Diese entwendeten Sachen sind beweglich, da sie nicht mit dem Erdboden verbunden sind.
- **Wegnahme aus dem Gewahrsam und Begründung neuen Gewahrsams**
  Die Täter haben die Sachen aus dem Eingriffsbereich des Eigentümers (Gebäude) weggenommen und neuen Gewahrsam an den Sachen begründet.
- **Qualifikationsmerkmal nach § 243 I S. 1–7 StGB**
  Hier liegt das Qualifikationsmerkmal nach § 243 I S. 1 StGB vor, da die Täter zur Begehung des Diebstahls in das Gebäude und den Geschäftsraum eingebrochen sind.
  Die objektiven Tatbestandsmerkmale sind gegeben.

2. Subjektive Tatbestandsmerkmale

- **widerrechtliche Zueignungsabsicht**
  Die Täter haben sich die Kleinmaschinen, den Laptop, den Drucker und die Digitalkamera widerrechtlich auf Dauer angeeignet.
  Die subjektiven Tatbestandsmerkmale sind gegeben.

II. Rechtswidrigkeit

Rechtfertigungsgründe sind hier nicht ersichtlich. Rechtswidrigkeit liegt vor.

III. Schuld
1. Schuldfähigkeit

Aus dem Sachverhalt lässt sich keine Schuldunfähigkeit entnehmen.

2. Vorsatz oder Fahrlässigkeit

Hier ist von Vorsatz auszugehen, da die Täter mit Wissen und Wollen in das Gebäude eingebrochen sind, um einen Diebstahl zu begehen.

Ergebnis:

Alle Tatbestandsmerkmale des § 243 i.V.m. § 242 StGB liegen in diesem Fall vor, weshalb diese Paragrafen angewendet werden können.

Fall 3: § 242 StGB Diebstahl

I. Tatbestandsmäßigkeit

1. Objektive Tatbestandsmerkmale

- **Wegnahme einer fremden beweglichen Sache**

  Die Täter haben vom Gelände eines Lebensmittelgroßhandels Leergut entwendet. Das Leergut steht im Eigentum des Lebensmittelgroßhandels und ist beweglich.

- **Wegnahme aus dem Gewahrsam und Begründung neuen Gewahrsams**

  Die Täter haben die Sachen aus dem Eingriffsbereich des Eigentümers (Gelände des Lebensmittelgroßhandels) weggenommen und neuen Gewahrsam an den Sachen (Beladung des Pkws) begründet.

  Die objektiven Tatbestandsmerkmale sind gegeben.

2. Subjektive Tatbestandsmerkmale

- **widerrechtliche Zueignungsabsicht**

  Die Täter haben sich das Leergut auf Dauer angeeignet.

  Die subjektiven Tatbestandsmerkmale sind erfüllt.

II. Rechtswidrigkeit

Rechtfertigungsgründe sind hier nicht ersichtlich. Rechtswidrigkeit liegt vor.

III. Schuld

1. Schuldfähigkeit

Aus dem Sachverhalt lässt sich keine Schuldunfähigkeit entnehmen.

2. Vorsatz oder Fahrlässigkeit

Hier ist von Vorsatz auszugehen, da die Täter mit Wissen und Wollen auf das Gelände gegangen sind und das Leergut an das Tor getragen haben, um es mit dem Pkw zu entfernen.

Ergebnis:

Alle Tatbestandsmerkmale des § 242 StGB liegen in diesem Fall vor, weshalb dieser Paragraf angewendet werden darf.

Aufgaben für Einzelarbeit S. 182	Kapitel 7.7

1. Wir leben in einem demokratischen Land, in dem der Staat die Bürger in ihren Belangen vertritt. Der Richter macht durch diesen Halbsatz klar, dass er das Urteil nicht in seinem Namen verkündet, sondern in Vertretung der Gemeinschaft und des einzelnen Bürgers, der in der Bundesrepublik lebt.

2.
1: Richter	2: Protokollführer
3: Staatsanwalt	4: Beschuldigter/Rechtsanwalt
5: Zeuge	6: Zuschauer

7.8 Die zivilrechtlichen Folgen strafbaren Handelns

Aufgabe für Einzel- oder Partnerarbeit S. 183	Kapitel 7.8

§ 315c StGB   Gefährdung des Straßenverkehrs

§ 229 StGB   Fahrlässige Körperverletzung

§ 303 StGB   Sachbeschädigung

7.9 Das Jugendstrafrecht

Aufgabe für Einzel- oder Gruppenarbeit S. 185	Kapitel 7.9

Ein Jugendlicher versucht mit einem Schraubenzieher eine Autotüre zu öffnen, um entweder den Inhalt des Autos zu entwenden oder das Auto zu stehlen.

Aufgabe für Partnerarbeit S. 186	Kapitel 7.9

Erziehung statt Strafe:
- je intensiver die Beschäftigung und die Zuwendung, desto wirksamer die Vorbeugung
- Reifeverzögerung bei einigen Jugendlichen
- Jugendverfehlung

Erziehung durch Strafe:
- je früher die Strafe, desto wirksamer
- Besserung und Abschreckung
- Modell-Lernen
- Schaden in der Entwicklung

Aufgabe für Einzelarbeit S. 186	Kapitel 7.9

- Erziehungsmaßregeln
- Zuchtmittel
- Jugendstrafe

Aufgabe für Einzelarbeit S. 187	Kapitel 7.9

Schaubild „Jung und straffällig"
Das Schaubild „Jung und straffällig" zeigt, wie viele Jugendliche und Heranwachsende nach dem Jugendstrafrecht verurteilt worden sind. 1990 waren es bereits 77.274 Straffällige, was sich bis zum Jahr 2008 um 23.240 gesteigert hat auf eine Gesamtsumme von 100.514 straffälligen Jugendlichen und Heranwachsenden.
Die meisten Jugendlichen zwischen 14 und 18 Jahren sind mit 29,50 % wegen Körperverletzung verurteilt worden; ebenso steht die Körperverletzung bei den Heranwachsenden im Alter zwischen 18 und 21 Jahren mit 25,70 % an vorderster Stelle.